CW01311100

GABRIELE MARIOTTI - GIACINTO MARIOTTI

RITUALE EMULATION 3° GRADO

APERTURA DELLA LOGGIA
CERIMONIA DI INNALZAMENTO
CHIUSURA DELLA LOGGIA

TRADUZIONE E COMMENTO

Ha collaborato alla realizzazione di questa opera, così come a quelle del 1° e 2° Grado Andrea Fontecchia

Ferentino, estate 2023
©2023. Proprietà Letteraria riservata agli autori e collaboratori che ne autorizzano la diffusione citandone la provenienza.

TERZO GRADO, O DI MAESTRO MURATORE[1]

Prima di affrontare l'apertura e la chiusura del Terzo Grado, si deve osservare che, nel simbolismo della Loggia, l'insegnamento del Primo e del Secondo Grado è portato avanti nel Terzo. La tradizionale Tavola di Tracciamento del Terzo Grado mostra in combinazione

1) Il Pavimento a scacchi

2) le due Colonne del portico o ingresso del Tempio

3) la Scala a Chiocciola

4) un abbaino sopra il portico o ingresso.

Viene data la breve spiegazione che il Pavimento a Scacchi sussiste affinché il Sommo Sacerdote vi cammini sopra e che l'Abbaino è quello che gli ha dato la luce. L'intero simbolo non è altro che un glifo completo o schema pittorico della condizione di un Candidato che aspira al rango di Maestro Muratore. Come sommo sacerdote del suo tempio personale, egli deve avere la natura corporea ed i suoi svariati desideri sotto i piedi. Egli deve avere sviluppato forza di volontà e carattere per "camminare sopra" questo Pavimento a Scacchi e sopportare i suoi richiami. Egli deve anche essere in grado di salire la Scala a Chiocciola della sua natura interiore, per educare ed abituare la sua mente a stati superiori coscienti e, quindi, stabilire lì che non sarà influenzato da percezioni seducenti o spaventose che potrebbe incontrare. Attraverso la

---

[1] Cfr. Walter Leslie WILMSHURST, *Il significato della Massoneria*. (Saggio introduttivo di Fabio Venzi - Traduttori: Enrico Marcia e Libero Bentivoglio), Roma, Edizioni Settimo Sigillo, 2016, pp. 137-145 [N.d.A.].

coltivazione di questa "forza" e la capacità di "stabilire" sé stesso sui livelli più elevati della coscienza, egli coordina le due Colonne nel portico o ingresso del suo intimo santuario – vale a dire, i supporti fisici e psichici del suo organismo, e acquisisce la "stabilità" coinvolta nella rigenerazione ed a lui necessaria prima di passare a "l'ultima e più grande prova" che lo attende. "In stabilità edificherò la Mia casa affinché possa rimanere ferma". L'organismo perfezionato dell'uomo è ciò che si intende per "la Mia casa". Era lo stesso organismo in cui il Maestro Cristiano parlò nel dire "Su questa pietra lo edificherò la mia chiesa e le porte degli inferi non prevarranno contro di essa."

Durante tutta la disciplina ed il lavoro, coinvolti nel raggiungimento di questa stabilità, la luce ha brillato sul percorso dal primo momento che la sua visione di Apprendista fu aperta alla verità più grande, la luce della scienza e della filosofia dell'Ordine stesso, che sta rivelando il suo "portico o ingresso" al santuario interiore finale, la luce degli amichevoli aiutanti ed istruttori; soprattutto, la luce dal sole nei propri "cieli", fluente attraverso l' "abbaino" della sua intelligenza illuminata e che, lentamente ma inesorabilmente, guida i suoi passi sulla via della pace.

Ma, ora, l'ultima e più grande prova della sua forza d'animo e fedeltà, che impone su di lui un obbligo di sopportazione ancora più grave, lo attende nel ritiro totale di questa luce benevola. Finora, anche se guidato da quella luce, egli ha progredito in virtù delle proprie forze naturali e dei propri sforzi. Ora è giunto il momento in cui questi sostegni devono essere rimossi, in cui tutto l'affidamento sulle abilità naturali, sulla propria volontà e sulla normale comprensione razionale, deve essere abbandonato e l'aspirante deve abbandonarsi totalmente all'azione trasformatrice del solo suo Principio Vitale ed Immortale, soffrendo ciò passivamente, per completare l'opera in tutta indipendenza dalle sue facoltà minori. Egli deve "perdere la propria vita per salvarla"; egli deve cedere tutto ciò che finora ha sentito essere la sua vita, al fine di ritrovare la vita in un ordine del tutto superiore. Da ciò deriva che il Terzo Grado è quello della morte mistica, di cui la morte corporale è presa come figurativa, così, come nel Primo Grado, la nascita del corpo è presa come figurativa dell'ingresso sulla via della rigenerazione. In tutti i sistemi dei Misteri del passato, si troverà questo grado di morte mistica, come una caratteristica rilevante ed essenziale, prima della fase finale di perfezione o di rigenerazione. Come un'illustrazione, si deve solo fare riferimento ad un diagramma sezionale della Grande Piramide d'Egitto, che fu costruita non solo per essere un tempio di iniziazione, ma per registrare, in forma permanente, i principi, attraverso i quali, la rigenerazione è raggiungibile. Il corridoio d'ingresso si estende per una certa distanza nell'edificio, come uno stretto canale ascendente, attraverso il quale il postulante, che desidera raggiungere il centro, deve insinuarsi con non poco disagio. Questo simboleggiava la disciplina ed il lavoro faticoso di auto-purificazione necessario nel Grado di Apprendista. Ad un certo punto, questo passaggio ristretto si apre in una lunga ed elevata galleria, ancora lungo una rapida ascesa, sopra la quale doveva passare il postulante, ma in una condizione di agio e libertà. Questo simboleggiava la condizione di illuminazione e di maggiore libertà intellettuale associata al Grado di Compagno. Essa terminava in un luogo in cui il candidato, ancora una volta, doveva forzare il suo percorso sulle mani e sulle ginocchia, attraverso la più piccola apertura di tutte, quella che conduceva alla camera centrale, in cui si trovava e si trova, ancora, il grande sarcofago in cui era collocato e sottoposto alla ultima prova suprema, e da dove, poi, era risuscitato dalla morte, iniziato e perfezionato.

Il titolo di ammissione, comunicato al candidato per il Terzo Grado, è notevole, come, anche, la ragione di esso. Si tratta di un nome ebraico, indicato essere quello del primo artigiano che lavorò i metalli, ed a significare "nel possesso del mondo".

Ora sarà evidente che il nome del primo uomo che lavorava alla fabbricazione del metallo, nel senso comune, non può essere di alcun possibile interesse o preoccupazione per noi oggi, né l'informazione ha il più piccolo rapporto con il tema della rigenerazione umana. Si tratta, ovviamente, di un velo di allegoria che nasconde qualche verità rilevante. Sarà riconosciuta tale dopo aver appreso che i nomi biblici ebraici non rappresentano persone, ma personificazioni di principi spirituali, e che la storia biblica non è una storia ordinata di eventi temporali, ma una registrazione di fatti spirituali eternamente veri. La questione è, quindi, interpretabile come segue: sappiamo, dagli insegnamenti del Grado di Apprendista Ammesso, che cosa sono, in senso massonico, il "denaro ed i metalli", e che essi rappresentano il potere attrattivo dei beni temporali, dei beni terreni e degli affetti di qualunque genere. Sappiamo, anche, che è essenziale essere assolutamente liberi dall'attrazione e dalla seduzione di queste cose, e anche dal desiderio per esse, se si vuole raggiungere quella Luce e quelle ricchezze della Sapienza per le quali il Candidato professa a lungo. Non che sia necessario per lui diventare letteralmente e fisicamente spossessato dei beni terreni, ma è essenziale che egli sia così totalmente distaccato da essi, che non gli importa se ne possiede o meno, ed è contento, se necessario, di essere interamente spogliato di essi, se stanno nella via della sua scoperta del "tesoro nel cielo"; fintantoché si aggrappa ad essi o questi esercitano il controllo su di lui, così a lungo sarà rinviata la sua iniziazione in qualcosa di meglio.

Ne consegue, allora, che è l'anima personale dello stesso Candidato, che è l'"artigiano che lavora i metalli" cui fare riferimento, e che essa durante la sua esistenza fisica è stata impegnata nel trafficare in "metalli". Il desiderio dei beni

terreni, per la sensazione e per l'esperienza in questo mondo esteriore del bene e del male, ha condotto l'anima in questo mondo. Lì, essa ha intessuto intorno a sé il suo attuale corpo di carne, essendo ogni desiderio e pensiero un "artigiano" che aggiunge qualcosa o modifica il suo involucro naturale.
I filosofi greci erano soliti insegnare che le anime secernono i loro corpi come una lumaca espelle il suo guscio, e il nostro poeta Spenser[2] fedelmente scrisse:

"Perché il corpo prende la forma dell'anima,
E l'anima è forma e produce il corpo"[3]

Se, allora, il desiderio per l'esperienza fisica e per le cose materiali ha portato l'anima nelle condizioni materiali (come è anche indicato nella grande parabola del Figliol prodigo), l'abbandono di quel desiderio è il primo passo necessario per garantire il suo ritorno alla condizione da cui prima proveniva. La sazietà, con il conseguente disgusto per i "gusci" delle cose, spinsero il Figliol prodigo a desiderare di tornare a casa. Una simile sazietà e disgusto spinge molti uomini a perdere ogni desiderio delle cose esterne, a cercare la pace dentro di loro ed a reindirizzare le loro energie alla ricerca di beni che sono durevoli e reali. Questo è il momento della sua vera "conversione", il momento in cui un uomo è maturo per l'iniziazione ai Misteri nascosti del proprio essere. Il Primo e il Secondo Grado della Massoneria implicano che il Candidato sia sottoposto ad una lunga disciplina nella rinuncia delle cose esterne e nella coltivazione del desiderio per quelle interiori. Ma, nonostante sia passato attraverso tutta la disciplina di quei Gradi, egli è ancora non del tutto purificato ed ancora

[2]Edmund SPENSER (1552-1599), poeta britannico [N.d.A.].

[3]*"For of the soul the body form dath take; / For soul is form, and dath the body make"* in *An Hymn in honour of beauty* [N.d.A.].

"nel possesso del mondo", nel senso che un loro residuo di attrazione ed un affidamento su sé stesso indugia nel suo cuore; e sono questi ultimi sottili elementi dei "metalli di base", strettamente aggrappati in lui, che necessitano di essere sradicati, se deve essere raggiunta la perfezione. I difetti radicati e le tendenze dell'anima, come risultato di tutte le sue abitudini ed esperienze passate, non sono improvvisamente eliminate o facilmente sottomesse. La caparbietà e l'orgoglio sono molto sottili nella loro natura e possono continuare ad ingannare la loro vittima molto tempo dopo che egli ha purificato sé stesso dagli errori grossolani. Come Caino era l'assassino di Abele, così ogni macchia dei metalli di base in sé stessi svilisce l'oro del Principio Vitale ed Immortale. Esso deve essere ripudiato, deve morire ed essere trasmutato nel processo cruciale del Terzo Grado. Da ciò deriva che il Candidato è consegnato con un nome che lo designa in questa fase e che indica che egli è ancora "nel possesso del mondo"; cioè, che ancora indugia in lui qualche residuo dello spirito di questo mondo, che è necessario eliminare dalla sua natura, prima che egli possa essere elevato al grado sublime di Maestro.

L'esame del testo di apertura e chiusura della Loggia nel Terzo Grado rivela tutta la filosofia su cui il sistema massonico è costruito. Indica che l'anima umana ha avuto origine nell'eterno Oriente – quell' "Oriente" essendo riconducibile al mondo dello Spirito e non a qualche direzione geografica – e che da lì ha diretto il suo percorso verso l'"Occidente", il mondo materiale, che è agli antipodi di quello spirituale ed in cui l'anima ha vagato. Il suo scopo nel viaggiare in questo modo, dalle condizioni spirituali a quelle fisiche, è dichiarato essere la ricerca ed il recupero di qualcosa che si è perso, ma che, con la propria operosità e l'istruzione adeguata, spera di ritrovare. Da ciò ne consegue che la perdita stessa si sia verificata prima della sua discesa in questo mondo, altrimenti quella discesa non sarebbe stata necessaria. Che cosa venne smarrito non è esplicitamente dichiarato, ma è implicito ed è precisato dalla formula "I misteri genuini di un Maestro Muratore". È la perdita di una parola, o meglio della Parola, il *Logos* Divino, o radice di base ed essenza del nostro essere. In altre parole, l'anima dell'uomo ha cessato di essere cosciente di Dio ed è degenerata nella limitata coscienza terrestre del comune essere umano. È nella condizione di cui parla la parabola cosmica di Adamo, quando viene cacciato dall'Eden, un esule dalla Presenza Divina e condannato alla fatica ed alla difficoltà. La ricerca, dopo questa Parola perduta, viene dichiarata dai Sorveglianti essere stata finora vana, e di avere portato alla scoperta, non di quella Realtà, ma di immagini sostitutive di essa. Tutto ciò implica che, nella forza della sua intelligenza naturale, meramente temporale, l'uomo non può trovare e conoscere nulla di più, in questo mondo di ombre, immagini e forme fenomeniche, di realtà che abitano eternamente e noumenicamente nel mondo dello Spirito, a cui le sue facoltà temporali sono attualmente chiuse. Eppure rimane un modo per riprendere coscienza di quel mondo e vita superiore. È come mettere in funzione un'ancòra dormiente e sommersa facoltà, residente nella profondità e nel centro del suo essere. Tale facoltà dormiente è il Principio Vitale ed Immortale che esiste come punto centrale del cerchio della sua individualità. Come l'Universo esteriore è la proiezione verso l'esterno di una Divinità interiore immanente, così il singolo uomo esteriore è la proiezione e la diffusione di un germe Divino intrinseco, anche se corrotto e distorto dalla personale auto-volontà e dal desiderio, che hanno spostato e spento la sua coscienza dalla sua radice dell'essere. Recuperare il contatto con quel Principio Divino centrale, attraverso una rinuncia volontaria alle ostruzioni interposte ed agli elementi disarmonici in voi stessi, e l'uomo subito cessa di essere semplicemente l'animale razionale che ora è, e viene impiantato su un nuovo e Divino Principio vitale, partecipe di Onniscienza e cooperatore con la Divinità. Egli recupera i misteri perduti e genuini del proprio essere, che ha sempre occultato con le sostituzioni, le ombre ed i simulacri della realtà. Egli raggiunge un punto e vive in un Centro da cui nessun Maestro Muratore può mai errare o mai di nuovo desidererà errare, perché è il fine, l'oggetto e lo scopo della sua esistenza.

Nel frattempo, fino al recupero effettivo di tale mistero smarrito, l'uomo deve tollerare le sue sostituzioni e considerarle come un sacramento delle realtà nascoste, il contatto con le quali sarà la sua grande ricompensa, se egli si sottoporrà alle condizioni in base alle quali solo lui può scoprirle. L'esistenza di quelle realtà ed il regime essenziale del loro godimento sono inculcati dalla Massoneria, come lo sono stati da ogni altro Ordine iniziatico del passato, ed è per il fatto che questa conoscenza è ed è sempre stata conservata nel mondo, così da essere disponibile per gli aspiranti seri verso di essa, che viene espressa al Gran Maestro tutta la gratitudine per non aver mai lasciato Egli stesso, o la via del ritorno a Lui, senza testimonianza in questo mondo esterno.

Tanto è stato detto circa la Cerimonia del Terzo Grado, in altri lavori, che qui non è necessario esporla ulteriormente. Si può affermare, tuttavia, che essa sola costituisce l'Iniziazione Massonica. Il Primo e il Secondo Grado non sono, in senso stretto, che fasi preparatorie che portano all'Iniziazione, non sono l'Iniziazione stessa e non prescrivono altro che la purificazione della natura corporale e mentale necessaria per qualificare il Candidato per il fine che corona l'intero lavoro. Per coloro che non conoscono ciò che realmente avviene nell'effettiva Iniziazione, distinta da quella meramente cerimoniale, e che non hanno idea di ciò che significasse l'iniziazione nelle vecchie scuole di Saggezza e signifchi tuttora per coloro che comprendono la teoria della Scienza

Rigenerativa, è pressoché impossibile trasmettere qualsiasi idea del suo processo o dei suoi risultati. Il moderno Massone, per quanto alto nel grado nominale, è tanto poco qualificato per capire l'argomento, quanto l'uomo che non è mai entrato in una Loggia. "Essere iniziato (o perfezionato)", dice una antica autorità, Plutarco, "implica morire"[4]; non una morte fisica, ma un modo morale di morire in cui l'anima si scioglie dal corpo e dalla vita sensibile e, staccandosene, viene lasciata libera di entrare nel mondo della Luce Eterna e dell'Essere Immortale. Questo, dopo le drastiche discipline preliminari, era ottenuto in uno stato di *trance* e sotto la supervisione di Maestri ed Adepti debitamente qualificati, che introducevano l'anima liberata del candidato nei propri principi interni, fino a che essa raggiungeva, infine, la Stella Fiammeggiante o Gloria al proprio Centro, alla luce della quale essa contemporaneamente conosceva sé stessa e Dio, e comprendeva la loro unità ed i "punti della fratellanza" tra di loro. Fu, allora, che da questa esperienza, allo stesso tempo terribile e sublime, l'anima iniziata era di nuovo riportata indietro al suo involucro corporeo e, "riunita ai compagni delle sue precedenti fatiche", per riprendere la sua vita temporale, ma con la percezione cosciente della Vita Eterna, sovra-aggiunta alla sua conoscenza ed ai suoi poteri. Solo allora essa aveva diritto al nome di Maestro Muratore. Solo allora poteva esclamare, con le parole di un altro iniziato (Empedocle): "Addio, alleati terrestri; d'ora in poi, non sono più un essere mortale, ma un angelo immortale, che ascende alla Divinità e riflette su quella somiglianza con essa che ho trovato in me stesso".

I "segreti" della Massoneria e della iniziazione sono in gran parte connessi con questo processo di introversione

---

[4] Non a caso, in greco, i verbi τελέυται (teleutai), che significa "morire", e τελεισθαι (telesthai), che significa "essere iniziato" si rassomigliano [N.d.A.].

dell'anima verso il proprio Centro, e, al di là di questo breve riferimento all'argomento, è inopportuno dire, in questa sede, di più. Ma, a conferma di quanto è stato indicato, può essere utile fare riferimento al *Salmo 23*[5], in cui gli Iniziati ebrei parlano sia dell'esperienza suprema di essere passati attraverso "la valle dell'ombra della morte", che delle fasi preliminari di preparazione mentale per quella prova.

Spogliando quel Salmo familiare della splendida metafora data nella bella traduzione biblica, il suo significato reale può essere parafrasato e spiegato agli studenti massonici come segue:
"Il Principio Vitale ed Immortale dentro di me è il mio Iniziatore, ed è tutto ciò che serve per condurmi a Dio. Esso mi ha fatto adagiare (in auto-disciplina ed umiliazione) in "pascoli verdi" di meditazione e di sostentamento mentale. Esso mi ha portato accanto alle "acque tranquille" della contemplazione (distinte dal "mare mosso di passione" del mio io naturale). Esso sta ripristinando la mia anima (reintegrandola dal caos e dal disordine). Anche quando giungo a passare attraverso la valle delle tenebre mortale (i miei veli interiori di oscurità). Non temo alcun male perché Lui è con me (come stella polare); le Sue indicazioni e discipline mi salvaguarderanno. Esso mi fornisce i mezzi per superare i

---

[5] Il Signore è il mio pastore: non manco di nulla.
Su pascoli erbosi mi fa riposare, ad acque tranquille mi conduce.
Rinfranca l'anima mia, mi guida per il giusto cammino a motivo del suo nome.
Anche se vado per una valle oscura, non temo alcun male, perché tu sei con me.
Il tuo bastone e il tuo vincastro mi danno sicurezza.
Davanti a me tu prepari una mensa sotto gli occhi dei miei nemici. Ungi di olio il mio Capo; il mio calice trabocca.
Sì, bontà e fedeltà mi saranno compagne tutti i giorni della mia vita, abiterò ancora nella casa del Signore per lunghi giorni [N.d.A.].

miei nemici e le debolezze interiori; Esso unge la mia intelligenza con l'olio della saggezza; il calice della mia mente trabocca di nuova luce e di coscienza.

Il Divino Amore e Verità, col quale mi troverò faccia a faccia nel mio centro, sarà per me una presenza consapevole tutti i giorni della mia vita temporale; e, in seguito, soggiornerò nella "casa del Signore (un corpo spirituale glorificato) per sempre".

1922

Fr. Walter Leslie WILMSHURST (1867-1939)
M.V. *Lodge of Living Stones* di Leeds
Membro della *Masonic Study Society*
Membro della *Golden Dawn*

APERTURA NEL TERZO GRADO[6]

Prima di aprire nel Terzo Grado, il MV chiede che i CdA si ritirino.

MV 🔨

1°S 🔨

2°S 🔨

MV – Fratelli, assistetemi ad aprire la Loggia nel Terzo Grado.

---

[6] "Il Terzo grado, quello di Maestro, è una articolazione essenziale in seno alla Libera Muratoria simbolica e speculativa: meglio ancora, il suo stesso cuore" (Louis TREBUCHET, riportato in David TAILLADES, *HiRaM – Il Mistero della Maestria e le origini della Libera Muratoria*, Torino, Associazione Culturale Harmonia Mundi, 2018, p. 13).
Il Primo e Secondo Grado, infatti, non sono altro che fasi preparatorie che dovrebbero portare alla vera Iniziazione. Conferire l'Iniziazione è offrire la possibilità di superare l'esistenza ordinaria, ma pochi sono consapevoli dell'importanza di questo dono. La Via è riservata a persone qualificate a percorrerla. Questa precauzione serve ad evitare una serie di inconvenienti legati all'orgoglio di essere tra gli Iniziati, e cioè: 1) aumentare l'ego, 2) credersi superiori agli altri, 3) rifiutare spocchiosamente l'ambiente circostante, 4) bramare, in modo maniacale, di possedere tutto.
Per risalire alla Luce, per ottenere un risveglio spirituale, occorre prima compiere una discesa, una discesa in noi stessi.

TUTTI *si alzano, se non già in piedi.*

MV – Fr. 2°S, qual è il primo dovere di ogni MM?

2°S – Assicurarsi che la Loggia sia correttamente coperta[7].

MV – Fate compiere quel dovere.

[7] Nella Cerimonia di apertura dei lavori nei tre gradi, il M.V. chiede sempre quale sia il primo dovere di un massone. Il 2° Sorvegliante risponde che è quello di assicurarsi che la Loggia sia "correttamente" coperta (*To see that Lodge is properly tyled*). Questa domanda, il M.V. la reitera, anche, nella Cerimonia di chiusura dei tre gradi. Al che, il 2° Sorvegliante risponde che è quello di verificare che la Loggia sia "strettamente" coperta *(To prove the Lodge is close tyled)*. A parte la diversità dei due verbi "vedere, assicurarsi (*see*)" e "dimostrare, verificare (*prove*)", quel che colpisce maggiormente è la diversità dei due avverbi, "correttamente (*properly*)" e "strettamente (*close*)". Coprire la Loggia significa custodirla, presidiarla, proteggerla. Se è vero, come è vero, che la Loggia è il nostro Tempio interiore, dobbiamo mettere in moto tutti gli accorgimenti utili e necessari perché il Tempio interiore non sia violato, perché siano allontanati da noi gli "estranei", cioè tutte le influenze esterne, che sono di ostacolo alla nostra realizzazione, e fare in modo che le nostre energie interiori non si disperdano, anzi, con il lavoro si accrescano, facilitando, così, il nostro progresso spirituale. Quindi, non dobbiamo accontentarci che la Loggia sia "correttamente" coperta, ma con il nostro interiore lavoro, assiduo e tenace, fare in modo che il nostro Tempio sia ancor più "strettamente" inattaccabile. Il lavoro interiore non deve mai fermarsi, perché al progresso spirituale non c'è alcun limite.

2°S — Fr. GI, assicuratevi che la Loggia sia correttamente coperta.

GI *va alla porta e dà i colpi da CdA.*

C *risponde con gli stessi colpi.*

GI *torna davanti al proprio posto.*

GI *Passo e Segno di CdA* — Fr. 2°S, la Loggia è correttamente coperta — *completa il Segno.*

2°S 🔨 🔨🔨, *Passo e Segno di CdA* — MV, la Loggia è correttamente coperta — *completa il Segno.*

MV — Fr. 1°S, qual è il secondo dovere?

1°S — Assicurarsi che i Fratelli si presentino all'ordine come Compagni d'Arte.

MV — All'ordine, Fratelli, nel Secondo Grado.

TUTTI *formano Passo e Segno di CdA.*

MV — Fr. 2°S, siete voi un MM?

1°S — Lo sono, MV, esaminatemi e mettetemi alla prova.

MV – Con quali strumenti di architettura volete essere messo alla prova?

2°S – La Squadra e il Compasso[8].

MV – Poiché siete a conoscenza del metodo appropriato, voi metterete alla prova i Fratelli quali MM,

[8] La Squadra e il Compasso sono i simboli più noti della Massoneria. Unitamente al Libro della Legge Sacra, compongono le Grandi Luci della Libera Muratoria.
La Squadra simboleggia la Materia, ed il Compasso lo Spirito. La Squadra rappresenta il mondo del concreto, la misura della realtà oggettiva, mentre il Compasso allude l'opera creativa di Dio. La Squadra si usa per verificare che gli angoli siano retti e disegnare le perpendicolari; simboleggia il mondo materiale e terreno; delimita lo spazio secondo le quattro direzioni (Nord, Sud, Est, Ovest); incarna anche il numero 4 e rappresenta la stabilità. Il Compasso raffigura, invece, la mobilità, il dinamismo, la capacità di immaginare e creare. Ricordiamo che il Compasso è il solo strumento utilizzato dal Grande Architetto dell'Universo, quindi è il simbolo della Creazione.
Squadra e Compasso sono strumenti indispensabili per costruire edifici dalle forme regolari e stabili. Unite insieme, Squadra e Compasso sono il simbolo dell'ordine delle leggi naturali che governano l'Universo.
Il loro senso profondo è che 1) l'Iniziato può progressivamente ascendere verso gli stati superiori dell'Essere, e 2) il Mondo Superiore può discendere verso il mondo della materia inferiore, per favorire l'evoluzione spirituale dell'uomo. "Ciò che è in alto è come ciò che è in basso, e ciò che è in basso è come ciò che è in alto" (dalla *Tavola Smeraldina* di Ermete Trismegisto).
Come possiamo osservare, il Rituale è un vero e proprio

mediante i Segni, e mi dimostrerete tale prova imitando il loro esempio.

2°S – Fratelli, è comando del MV che diate prova, mediante i Segni, di essere MM.

TUTTI (*eccetto il* MV *e il* 2°S) *formano il Passo e dànno il Segno di Orrore, il Segno di Compassione. e il Segno di Pena, recuperando e mantenendo quest'ultimo.*

2°S – MV, i Fratelli hanno dato prova, mediante i Segni, di essere MM ed io, in obbedienza al vostro comando, così imito il loro esempio – *forma il Passo e dà i tre Segni recuperando e mantenendo quest'ultimo.*

MV – Fr. 2°S, riconosco la correttezza dei Segni - *forma il Passo e dà i tre Segni recuperando e mantenendo quest'ultimo.*

MV – Fr. 2°S, da dove venite?

2°S – Da E.

MV – Fr. 1°S, dov'è diretto il vostro cammino?

"metodo" di realizzazione spirituale: apre la porta al superamento della condizione umana per raggiungere il Divino. Il Candidato al Terzo Grado deve saper riconoscere i messaggi presenti nel Rituale, che lo inducono a realizzarsi spiritualmente. Il simbolo è l'unico mezzo adatto a veicolare un insegnamento metafisico, sovrannaturale (anche se, durante il Cammino, come vedremo in seguito, possiamo incontrare delle insidie).

1°S – Verso Occidente[9].

MV *al 2°S* – Quale motivo vi induce a lasciare l'E per andare verso O?

2°S – Per cercare ciò che venne smarrito, e che, con le vostre istruzioni e la nostra operosità, speriamo di ritrovare[10].

[9] Est (Oriente) ed Ovest (Occidente) non rappresentano una direzione geografica. L'Est simboleggia il mondo spirituale dove l'anima ha avuto origine; l'Ovest non è altro che il mondo materiale, dove l'anima, nel suo peregrinare si è arenata, si è smarrita.

[10] Il fine dell'anima è quello di ricercare e recuperare qualcosa che è andato perduto. La perdita si è verificata da molto tempo, prima della discesa dell'anima in questo mondo. La speranza di ritrovare quel che venne perduto, è l'ultima a morire.

La notizia che i segreti genuini di un Maestro Muratore sono stati smarriti, a causa della morte prematura di Hiram Abib, è reiterata, più volte, nel Rituale (sia nella Cerimonia di Apertura e Chiusura, che nella Cerimonia di Innalzamento); il che dimostra l'importanza e il contenuto sottinteso che riveste.

Sappiamo che il cammino dell'iniziato è la "ricerca" di Dio in sé stesso. Noi abbiamo "perduto" la consapevolezza della nostra natura divina. Ma la scintilla "immortale" è sempre presente in noi ed è sempre pronta ad essere "riattivata", "risvegliata", "ritrovata". Tutto sta in noi. Abbiamo il compito, anzi, il dovere di "ricordare", in modo da ricostruire le nostre origini, perché il fine ultimo dell'iniziato è quello di riconoscere la particella divina che è in lui.

MV *al 1°S* – Che cosa venne smarrito?

1°S – I segreti genuini di un MM[11].

MV *al 2°S* – Come vennero smarriti?

2°S – Per la prematura morte del nostro Maestro Hiram Abib[12].

[11] Che cosa venne smarito non è dichiarato in modo esplicito. Che cosa sono "i segreti genuini di un Maestro Muratore"? il vocabolo "segreto" deriva dal latino *secretum*, participio passato del verbo *secernere,* il cui significato in italiano è secernere, produrre, separare, distillare. Ciò che è stato da noi "secreto" appartiene a noi, alla nostra individualità, fa parte, ormai, della nostra essenza, anzi, della nostra "quintessenza". È, inoltre, irripetibile e non è comunicabile agli altri. Ciò che noi siamo riusciti a secernere non è altro che il frutto della trasformazione dei nostri "metalli" materiali in "oro" spirituale.

[12] Cosa rappresenta la morte prematura di Hiram Abib? La morte di Hiram costituisce, ovviamente, un distacco, un allontanamento da una situazione di Grazia in cui si trovava l'Umanità (cfr. il biblico Paradiso Terrestre, i racconti del Graal, la ricerca della Parola). La morte di Hiram è stata devastante per noi, ci ha riportato indietro nel nostro cammino spirituale. Di conseguenza, la ricerca dei "misteri" deve avvenire dentro di noi, in un luogo recondito della nostra interiorità, dove, ora, purtroppo, regna il buio. È compito nostro, uomini di desiderio, diradare il buio, in modo che l'oscurità diventi sempre più visibile, fino a quando, poi, scorgeremo la splendente Stella Mattutina, il cui sorgere indica che il buio

MV *al 1°S* – Come sperate di trovarli?

1°S – Con il Centro[13]

MV *al 2°S* – Che cos'è un Centro?

della Notte sta finendo e che la luce del Giorno sta iniziando ad avvolgerci. Avremo, finalmente, sconfitto la Morte.
Il Candidato è lasciato in un Limbo della conoscenza, dicendogli che i genuini segreti di un Maestro Muratore sono andati perduti per la morte del maestro Hiram Abib. Tuttavia, al Candidato sono stati dati dei segreti sostitutivi, non ben precisati, una sorta di filo di Arianna, una guida attraverso il Labirinto che misticamente indica la transizione tra la vita sulla terra e l'aldilà. Possiamo ritrovare lo stesso insegnamento nella mitologia (Teseo nel labirinto di Creta); nei misteri greci Eleusini (rapimento di Persefone da parte di Ade, re degli Inferi, in un ciclo di tre fasi: perdita, ricerca e ascesa di Persefone e la riunione con la madre Demetra); in molti scritti mistici (come, *La nube della non-conoscenza*, di Anonimo del XIV sec.; *Notte oscura*, di Giovanni della Croce).
Come possiamo intuire, la Divinità è nascosta. "La vera conoscenza di Dio ... non può essere confinata a nessuna opera o pensiero logico, essa trascende qualsiasi ragionamento teologico, o pratica devozionale". "È la Divina Ignoranza, quindi, che ci avvicina a Dio più di qualsiasi ragionamento o pretesa di aver capito" [Cfr.Antonella Baretta, *La Divina Ignoranza*, in Anonimo, *La nube della non-conoscenza, Pessano con Bornago, Ed. Mimep-Docete, ediz. II,2022,p.6]*

[13] Il Centro è il traguardo del cammino iniziatico, volto a

2°S – Un punto all'interno di un cerchio, dal quale ogni parte della circonferenza è equidistante[14].

MV *al 1°S* – Perché con il Centro?

1°S – Essendo quello un punto da quale un MM non può errare.

raggiungere uno stato di coscienza cosmica. Il Centro ed il Cerchio sono due elementi inscindibili. Tutti i punti del Cerchio sono equidistanti dal Centro. Il Cerchio rappresenta l'Infinito, in quanto elemento che si conchiude in sé stesso ed in sé stesso ha il Principio e la Fine. Il Centro, invece, rappresenta Dio, l'origine, il punto di partenza di tutte le cose, il punto principale invisibile, perché è senza forma e senza dimensione.

I segreti di un Maestro Muratore, smarriti per la prematura morte di Hiram, possono essere ritrovati solo con il Centro e nel Centro, che è l'unico punto dal quale un Maestro Muratore non può sbagliare. Il Centro è la sola Luce che può illuminare il cammino dell'iniziato. Quando Dio disse: "Sia luce!" e luce fu (cfr. LA BIBBIA, *Genesi*, 1:3), vuol significare che la luce si separò dalle tenebre ed illuminò la coscienza dell'uomo.

[14] È, incredibilmente, simile a quanto riportato nel 1292 (o 1293) nella *Vita Nova,* Cap, XII, di Dante Alighieri. Il dio "Amore", rivolto a Dante, si esprime in tal modo: *"Ego tamquam centrum circuli, cui simili modo se habent circumferentiae partes; tu autem non sic".* "Io sono come il centro di un cerchio, cui, in egual modo, si riferiscono le parti della circonferenza; non così tu". In poche parole: Io, dunque, che sono Dio (Amore), stando al centro, son sempre coerente a me stesso, tu, invece, che non sei ancora Dio, muti

TUTTI – E così sia.

MV – Fratelli, in nome dell'Altissimo[15], io dichiaro la Loggia debitamente aperta (**TUTTI** *completano il Segno, senza recupero*) sul Centro, per gli scopi della Libera Muratoria nel Terzo Grado.

frequentemente.

[15] I primi due gradi sono, rispettivamente, aperti e chiusi nel nome del Grande Architetto dell'Universo e del Grande Geometra dell'Universo, mentre i lavori nel 3° grado sono aperti e chiusi nel nome dell'Altissimo, *Elyon* in lingua ebraica, uno degli attributi di Dio. Inoltre, c'è una particolarità tra i primi due gradi ed il terzo, riguardante le preghiere. Infatti, nei rituali di apertura e chiusura dei lavori in grado di Apprendista e di Compagno c'è un invito costante alla preghiera, mentre in quello di Maestro è assente. È una dimenticanza? Non crediamo. Siamo del parere, invece, che non è possibile indirizzare direttamente a Dio (Altissimo) la nostra preghiera, ma che sia necessario un intermediario, così come è stato nei confronti del Grande Architetto e del Grande Geometra. L'invito alla preghiera, come attività quotidiana, è sempre presente nel Rituale *Emulation*. Il Regolo da 24 pollici, primo utensile presentato al Neofita, ci ricorda che tra le attività quotidiane, una parte di esse deve essere dedicata proprio alla preghiera. Così, pure, i 5 Punti della Fratellanza ricordano "la postura delle mie preghiere quotidiane". Il massone deve pregare tutti i giorni. La preghiera consiste in una adorazione con la quale si riconosce la propria dipendenza nei confronti di Dio.

MV 🔨🔨 🔨

1°S 🔨🔨 🔨

2°S 🔨🔨 🔨

2°D *si occupa della Tavola da Tracciamento, che scopre non appena il 2°S ha dato i colpi.*

GI *va alla porta e dà i colpi da MM.*

C *risponde con gli stessi colpi.*

GI *torna davanti al proprio posto.*

IEM *nel frattempo, espone entrambe le punte del Compasso.*

TUTTI *mantengono il Passo.*

MV – Tutta la Gloria all'Altissimo[16].

---

[16] Altissimo è uno dei titoli o attributi di Dio. Nella Bibbia e nella Tradizione ebraica il nome di Dio non viene mai pronunciato. Il vero nome di Dio è יהוה detto Tetragramma, perché formato da quattro consonanti, Yhwh, non facilmente pronunciabile. La maggior parte delle confessioni cristiane lo legge come Jahvè.
I maggiori titoli e attributi di Dio sono: ADONAI (Signore mio); SABAOTH (Signore degli Eserciti), EIN SOF (Infinito); ECHAD (l'Uno); EL (costituisce la particella semantica per il Divino); EL CHAI (Dio vivente); EL DA'OT (Dio della Conoscenza); EL ELYON (Dio Altissimo); ELOHIM (forma plurale di Eloah); ELOAH (ha la radice e pronuncia di Allah); YAH (è una abbreviazione del Tetragramma Yhwh); KOL (Tutto); SHADDAY o SHADDAI (Potente o Onnipotente).

TUTTI *danno il Segno Grande o Reale.*

MV *si siede.*

TUTTI *si siedono.*

CERIMONIA DI INNALZAMENTO

Domande prima dell'Innalzamento

La Loggia è aperta nel Secondo Grado.

MV *chiede ai CdA, fatta eccezione per il Cand., di lasciare la Loggia e con parole appropriate indica che il successivo lavoro sarà quello di innalzare il Fr. ……..*

1°D *va dal Cand., lo prende per la mano destra e lo conduce in una posizione a N del piedistallo del 1°S, entrambi rivolti a E e lascia la mano.*

MV – Fratelli, il Fr. . …….. è questa sera un Cand. per essere innalzato al Terzo Grado, ma prima è necessario che egli ci dia le prove della sua competenza nel Secondo. Procederò quindi a porgli le necessarie domande – *rivolto al Cand.* – In quale modo siete stato preparato per essere passato al Secondo Grado?

1°D *deve essere pronto, se necessario, a suggerire il Cand.*

Cand. – In un modo alquanto simile a quello precedente, tranne che in questo Grado non fui bendato, il mio braccio sinistro, il petto sinistro ed il ginocchio destro mi furono messi a nudo e il mio piede sinistro mi venne calzato in una pantofola.

MV – Su che cosa foste ammesso?

Cand. – Sulla squadra[17].

MV – Che cos'è una squadra?

Cand. – Un angolo di 90 gradi, ovvero la quarta parte di un cerchio.

MV – Quali sono i particolari oggetti della ricerca in questo Grado?

Cand. – I misteri occulti della Natura e della Scienza[18].

---

[17] La Squadra rappresenta la rettitudine morale del massone. Nella Massoneria operativa la Squadra serviva a correggere gli errori che riguardavano i bordi, gli angoli e i lati della pietra, in modo da poter essere, poi, utilizzata con profitto nella costruzione del Tempio. Se la correzione non era possibile, la pietra doveva essere scartata, perché avrebbe inficiato la solidità e la stabilità dell'edificio. La Massoneria speculativa, applicando i princìpi della moralità, utilizza lo stesso metodo utilizzato nei confronti della pietra.

[18] Cfr. Gabriele MARIOTTI – Giacinto MARIOTTI, *Rituale Emulation 2° grado, Traduzione e Commento,* Torrazza Piemonte (TO), Amazon Italia Logistica srl, 2022, nt. 55, p. 65.

"Il Massone, superato l'Apprendistato, come Compagno incomincia a sviluppare una osservazione ermeneutica della Natura, nei termini della scoperta dei suoi significati misterici, quelli nascosti nell'intimo della Natura, quelli che non vengono svelati.

La Natura, in una visuale esoterica, è da scoprire non nei suoi accadimenti appariscenti, epifenomenici, che di ciò la Scienza con i suoi attuali sofisticatissimi metodi e strumenti è in grado

MV – Poiché è la speranza di una ricompensa che addolcisce il lavoro, dove si recavano i nostri antichi Fratelli per ricevere il loro salario?

Cand. – Nella camera di mezzo del Tempio di Re Salomone[19].

MV – Come lo ricevevano?

Cand.– Senza scrupolo né diffidenza.

MV – Perché in questo modo particolare?

Cand. – Senza scrupolo ben sapendo di averne il giusto diritto, senza diffidenza per la grande fiducia che

di fare meglio, ma con una visione altra, nella sua sostanzialità metastorica e metafisica. Il pensiero materialistico, positivistico, scientista ci descrive la Natura nel suo apparire, nei suoi aspetti discorsivi, ma nulla può dire sulla sua sostanzialità, su ciò che il senso del sacro e della spiritualità umana possono dire e intuire. Anche se c'è da ammettere che questo pensiero non si pone altro scopo che osservare, descrivere e spiegare ciò che accade nella Natura, lasciando a altri di enucleare i perché degli accadimenti." [Francesco ANGIONI, *Ermeneutica e Trascendenza in Massoneria*, in https://hcommons.org/docs/ermeneutica-e-trascendenza-in-massoneria/, (u.c. 17/07/2022)].

[19] Cfr. Gabriele MARIOTTI – Giacinto MARIOTTI, *Rituale Emulation 2° grado, Traduzione e Commento*, Torrazza Piemonte (TO), Amazon Italia Logistica srl, 2022, nt. 59, p. 72 e nt. 62 p. 75.

essi riponevano nella probità dei loro datori di lavoro di quel tempo.

MV – Quali erano i nomi delle due grandi Colonne. che erano situate nel portico o ingresso del Tempio di Re Salomone?[20]

Cand.– Quella a sinistra era chiamata B..Z e quella a destra JA.H.N.

[20] Le due grandi colonne, in bronzo (o rame) erano poste nel vestibolo del Tempio di Salomone; pare che fossero vuote all'interno. La colonna di sinistra era chiamata Boaz (rappresentante la "forza"), mentre quella di destra era chiamata Jachin (rappresentante la "stabilità"). Le colonne Boaz e Jachin erano poste ad Occidente, dove tramontava il sole. Il Massone, entrando e superando le colonne, lasciava dietro di sé il mondo finito e si volgeva all'Infinito. Le colonne rappresentano un punto di passaggio verso l'ignoto, verso l'ultraterreno: sono il portale per i Misteri. Non a caso nell'antica Grecia venivano chiamate Colonne d'Ercole i due promontori che fiancheggiavano lo Stretto di Gibilterra. Non ci si azzardava a superare le Colonne d'Ercole. Non si sapeva cosa c'era al di là. Secondo Platone, c'era il regno perduto di Atlantide. Oltrepassare le Colonne era un azzardo. Chi decideva di andare oltre era certo di quello che stava abbandonando, ma non sapeva quello che poteva trovare. Superare le Colonne d'Ercole è come superare la paura della morte.

Le colonne segnano il confine tra lo spazio profano e lo spazio sacro e rappresentano l'equilibrio tra due forze opposte (il bianco e il nero, il positivo e il negativo, il maschile e il femminile, il bene e il male) e, sicuramente, il loro superamento. È la *coincidentia oppositorum*: gli opposti non sono contrari tra loro, ma solo complementari.

MV – Quali sono i loro significati, separati e uniti?

Cand. – La prima significa SOL.D.T., la seconda ED.F.C.RE; e quando unite ST.B.L.T., poiché Dio disse: "In SOL.D.T. ED.F.C.RO' questa Mia casa, perché sia stabile in eterno".

MV – Queste sono le consuete domande; ne porrò altre se qualche Fratello desidera che io lo faccia.

1°D *conduce il Cand. per la mano destra direttamente al lato N del piedistallo del MV e ad una conveniente distanza da esso, entrambi rivolti a S e lascia la mano.*

MV – Vi impegnate sul vostro onore di uomo e sulla vostra fedeltà di CdA che persisterete con fermezza nella cerimonia d'innalzamento al sublime[21] Grado di MM?

---

[21] Il grado di Maestro Muratore viene definito "sublime" e tale aggettivo lo ritroviamo più tardi, ripetuto sempre dal M.V., quando avverte i Fratelli che il Candidato è "correttamente preparato per essere innalzato al sublime grado di Maestro Muratore".
Il vocabolo viene dal latino *sublimis*, derivato di *limen*, soglia, porta, con il prefisso *sub*, sotto, il che significa letteralmente "che giunge fin sotto alla soglia più alta", cioè "eccelso", "altissimo". Secondo alcuni Autori il termine deriverebbe da *sub*, sotto, e *limus*, obliquo, che significherebbe "salire obliquamente dal basso verso l'alto, come uno sguardo estatico". Secondo noi, l'etimologia non serve a comprendere il vero significato. Andiamo oltre! Il Candidato apre la porta

1°D *suggerendo ad alta voce al Cand.* – Sì, mi impegno. (*il Cand. ripete*).

MV – Vi impegnate, in egual modo, a celare ciò che adesso vi comunicherò, con la stessa severa cautela come per gli altri segreti massonici?

1°D *suggerendo ad alta voce al Cand.* – Sì, mi impegno. (*Il Cand. ripete*).

MV – Vi affiderò dunque una prova di merito, che consiste in una Stretta di Passo e una Parola di Passo, che conducono al Grado al quale chiedete di essere ammesso – *si alza, si volge al Cand., e prende la mano destra di quest'ultimo con la propria mano destra e la tiene* – La Stretta di Passo viene data – *aggiusta la Stretta di Passo posizionando il pollice del Cand. prima di posizionare il proprio* – mediante una distinta pressione del pollice tra la seconda e la terza nocca

del Terzo grado con una operazione alchemica, la "sublimazione". In chimica/fisica la sublimazione è il passaggio diretto dallo stato solido a quello aeriforme, senza passare attraverso la fase liquida. Esotericamente parlando (perché questo è il nostro linguaggio, dobbiamo sempre ricordarlo!) la sublimazione è il passaggio da uno stato materiale ad uno immateriale. Il corpo glorioso di Luce. Dobbiamo trasformare i nostri impulsi istintuali in una forza meno passionale, più riflessiva, in una forza spirituale. Dobbiamo andare oltre ogni soglia, dobbiamo ascendere a grandi altezze spirituali.

della mano. Questa Stretta di Passo richiede una Parola di Passo, che è TUB.LC..N

1°D *suggerendo al Cand., pronuncia la parola ad alta voce (Il Cand. ripete).*

MV – TUB.LC..N fu il primo artigiano nei metalli. Il significato della parola è BEN. T.RR.N. Dovete essere particolarmente attento a ricordare questa parola, perché senza di essa non potete ottenere l'ammissione in una Loggia in un grado superiore[22]. Passate, TUB.LC..N – *rimette la*

[22] Il Candidato non può ottenere l'ammissione al grado superiore se non riesce a ricordare la Parola di Passo. Cosa vuol dire, dal punto di vista spirituale? Significa che il Candidato, per essere ammesso al Terzo grado, deve essersi liberato dall'attrazione e dalla seduzione di tutti i "beni terreni". Anche da Apprendista e Compagno, il Candidato è stato sollecitato a rinunciare ai metalli, alle cose terrene e, al contempo, è stato incoraggiato a coltivare i beni interiori. Nonostante ciò, la contaminazione dei metalli, anche se ridotta, è ancora presente; il Candidato è ancora sporco, non è ancora purificato, è ancora "posseduto dal mondo". Il mondo profano, anche se meno di prima, lo attrae ancora. Dei sottili fili metallici lo tengono ancora aggrappato alla profanità. L'abbandono delle cose materiali residuali, dei "poteri mondani", dei "beni terreni", compresi gli "affetti" (specie se questi sono malati), è il primo passo necessario per garantire all'anima di ritornare alla primigenia condizione, che è quella dello Spirito. Non dimentichiamo che tra i "beni terreni" vanno annoverati paradossalmente, purtroppo, anche gli stessi "gradi" massonici. [Cfr. Tavola allegata su Tubalcain].

mano destra del Cand. nella mano sinistra del 1°D e si siede.

1°D *guidando il Cand., fa un giro in senso orario, e lo conduce direttamente a N del piedistallo del 1°S; qui fa girare il Cand. in senso orario in modo tale da essere rivolto a E e lascia la mano.*

1°D *al Cand. ad alta voce* – Salutate il MV come un CdA, ma prima come AA – *istruisce il Cand. con un bisbiglio a formare il Passo, dare il Segno di AA e completarlo; a formare un altro Passo e dare il Segno di CdA e completarlo.*

1°D *prende il Cand. per la mano destra, fa un giro in senso antiorario con il Cand. e lo conduce alla porta.*

GI *va alla porta davanti al 1°D, la apre e la richiude a chiave di nuovo quando il Cand. è uscito.*

GI e **1°D** *tornano ai propri posti.*

L'INNALZAMENTO

MV *conduce l'Apertura della Loggia nel Terzo Grado o riassume in tale Grado, qualora sia appropriato. Ciò si concluderà con:*

MV 🔨🔨 🔨, *attutiti (dati in modo tale che siano udibili solo nella Loggia).*

1°S 🔨🔨 🔨, *attutiti.*

2°S 🔨🔨 🔨, *attutiti.*

2°D *si occupa della Tavola da Tracciamento dopo che il 2°S ha dato i colpi.*

GI *dà i colpi con la mano destra sopra la manica sinistra, rimanendo al proprio posto.*

IEM *nel frattempo, espone entrambe le punte del Compasso (non sono dati colpi alla porta, né dalla GI, né dal C).*

D.ni *stendono e aprono il telo.*

C *prepara il Cand. compreso il grembiule da CdA, quindi la cerimonia procede.*

C *dà i colpi da CdA sulla porta. Ciò informa la Loggia che un Cand. per l'Innalzamento è alla porta della Loggia.*

GI *si alza davanti al proprio posto, Passo e Segno di Pena di MM.* – Fr. 2°S, c'è una comunicazione – *mantiene il Segno.*

2°S *nessun colpo, si alza, Passo e Segno di Pena di MM.* – MV, c'è una comunicazione – *mantiene il Segno.*

MV – Fr. 2°S, informatevi di chi chiede il permesso di entrare.

2°S *completa il Segno, lo recupera e si siede* – Fr. GI, accertatevi di chi chiede il permesso di entrare.

GI *completa il Segno, lo recupera, va alla porta, la apre, si accerta che il Cand. sia appropriatamente preparato, e rimane sulla soglia con la mano sulla maniglia della porta (Il colloquio tra la GI e il C deve essere udibile in tutta la Loggia).*

GI *al C* – Chi avete là?

C – Il Fr.*(nome e cognome del Cand.)* che è stato regolarmente iniziato nella Libera Muratoria, passato al Grado di CdA e ha fatto progressi tali che, egli spera, gli daranno il diritto di essere innalzato al sublime Grado di MM, per la quale cerimonia è correttamente preparato.

GI – Come spera di ottenere i privilegi del Terzo Grado.

C – Con l'aiuto di Dio, l'ausilio congiunto della Squadra e del

Compasso[23] e il beneficio di una Parola di Passo.

GI – E' in possesso della Parola di Passo[24]?

C – Volete metterlo alla prova?

GI *riceve la Stretta di Passo e la Parola di Passo dal Cand. (C suggerisce se necessario).*

GI – Fermatevi, mentre riferisco al MV. – *chiude a chiave la porta, torna davanti al proprio posto, Passo e il Segno di Pena di MM, che mantiene.*

[23] La Squadra e il Compasso sono i più noti emblemi della Massoneria; insieme al Libro della Legge Sacra, sono le Tre Grandi Luci della Libera Muratoria. La Squadra simboleggia la "materia", il Compasso lo "spirito", il Libro della Legge Sacra indica la "presenza della Divinità". Non si può essere massoni se non si ha una religiosità, anche personale.

[24] La parola di Passo è una parola che permette il passaggio da un grado all'altro. È una specie di lasciapassare, un passaporto che deve essere gelosamente custodito dal Candidato, senza il quale non gli è possibile proseguire il cammino, avanzare, cioè, nei gradi. Le parole di Passo hanno una funzione ed un significato ben preciso, perché siamo convinti che, essendo esse associate ai successivi passaggi, da un grado all'altro, sono circondate da mistero. È necessario, ma non sufficiente, conoscere della parola l'etimologia, il significato ed il legame esistente con l'allegoria massonica, perché tutto ciò non riuscirà a dipanare il suo segreto. Il vero segreto è quello "incomunicabile a parole", che ognuno coglie a seconda del cammino percorso nel grado.

GI – MV, c'è il Fr..... che è stato regolarmente iniziato nella Libera Muratoria, passato al Grado di CdA. e ha fatto progressi tali, che, egli spera, gli daranno il diritto di essere innalzato al sublime Grado di MM, per la quale cerimonia è correttamente preparato.

MV – Come spera di ottenere i privilegi del Terzo Grado?

GI – Con l'aiuto di Dio, l'ausilio congiunto della Squadra e del Compasso e il beneficio di una Parola di Passo.

MV – Noi riconosciamo il potente aiuto con il quale egli chiede l'ammissione; garantite voi, Fr. GI, che egli è in possesso della Parola di Passo?

GI – Sì, MV.

MV – Che sia dunque ammesso nella forma dovuta.

GI *completa il Segno e lo recupera.*

MV – Fratelli Diaconi.

2°D *posiziona l'inginocchiatoio.*

GI *prende il Compasso e va alla porta seguito dal 2°D e dal 1°D, il 1°D a sinistra.*
È a questo punto che tutte le luci, eccetto quella del MV, vengono spente.

GI *apre la porta, trattenendola come in precedenza, applica il Compasso aperto a entrambe le parti del petto del Cand., quindi alza il Compasso al di sopra della sua testa, per mostrare che lo ha applicato.*

1°D *con la mano sinistra prende il Cand. per la mano destra (il 2°D sta alla sinistra del Cand.), lo conduce davanti all'inginocchiatoio, a due brevi passi da esso e lascia la mano. Tutti e tre sono rivolti a E.*

GI *dopo che il Cand. è stato fatto entrare, chiude a chiave la porta e torna al proprio posto.*

1°D *al Cand.* – Avanzate come un CdA, ma prima come un AA – *si assicura che il Cand. formi il Passo e dia e completi il Segno di AA, quindi che formi un secondo Passo e dia e completi il Segno di CdA.*

MV – Che il Cand. si inginocchi, mentre viene invocata la benedizione del Cielo su quanto stiamo per compiere.

1°D *si accerta che il Cand. si inginocchi e dia il Segno di Riverenza.*

MV 🔨   **1°S** 🔨   **2°S** 🔨

D.ni *tengono le aste con la mano sinistra, le incrociano sopra la testa del Cand. e danno il Segno di Riverenza.*

TUTTI *sono in piedi con il Segno di Riverenza.*

PREGHIERA

MV *(o* **Capp.***)* – Onnipotente[25] ed Eterno Dio, Architetto e Governatore dell'Universo, al Cui comando creativo ogni cosa all'inizio fu creata, noi, fragili creature della Tua Provvidenza, umilmente Ti imploriamo di riversare su questa assemblea riunita nel Tuo Santo Nome, l'incessante rugiada della Tua benedizione.
In particolare, Ti supplichiamo di dare la Tua Grazia a questo Tuo servo, che si offre come Candidato per partecipare con noi agli arcani Segreti di un MM. Dotalo di una forza d'animo tale che egli non

---

[25] Onnipotente (in ebraico Shaddai o Shadday) è uno degli attributi di Dio nel giudaismo. A volte è preceduto da El e significa Dio Onnipotente. I traduttori greci della Bibbia lo hanno chiamato "Pantocrator".
I nomi divini devono essere conservati ed espressi nella lingua sacra originale, perché preservano qualcosa della divinità. Persino la loro sonorità racchiude un'informazione sul significato nascosto della parola nominata.
L'invocazione ad El Shaddai la ritroviamo anche nell'Arco Reale.

fallisca nell'ora della prova[26], ma che, attraversando al sicuro sotto la Tua protezione la valle dell'ombra della morte, egli possa infine alzarsi dal sepolcro del peccato, per brillare come le stelle, per l'eternità.

TUTTI – E così sia.

TUTTI *lasciano cadere il Segno di Riverenza.*

D.ni *disincrociano le aste e le tengono di nuovo con la mano destra.*

[26] L'ora della prova riguarda il momento della morte terrena. Il profano ha paura della morte, perché non sa cosa c'è dietro di essa. L'iniziato, invece, tramite la meditazione riesce ad intuire qualcosa che lo rende più sereno ad accettare la prova più dura della sua esistenza umana. La vita del nostro corpo fisico è una breve parentesi in un più vasto contesto di esistenze. La nostra vita terrena deve essere considerata come una scuola, in cui dobbiamo imparare "qualcosa". È durante la vita che noi dobbiamo cercare i misteri della morte. Imparare a morire è "la disciplina dell'Eternità, il Noviziato dell'Immortalità" (Albert PIKE, *Morals and Dogma. I primi tre gradi massonici*, vol. I, Foggia, Bastogi di A. Manuali, 1983, p.221).
È la prima volta, in questo grado, che si accenna alla morte, definendola cautamente "l'ora della prova". Man mano che la cerimonia prosegue, l'ombra della morte si evidenzierà in modo più accentuato, in un graduale aumento di intensità, come in un "crescendo" rossiniano.

MV – Che il Cand. si alzi[27]. *(il Cand. esegue).*

MV *si siede.*

TUTTI *(eccetto i D.ni e il Cand.) si siedono.*

2°D *scosta l'inginocchiatoio alla sua sinistra, fuori del percorso del 1°D e del Cand.*

1°D *prende saldamente la mano destra del Cand., lo istruisce sottovoce a partire con il piede sinistro e conduce il Cand. fino a N verso la parte E della Loggia.*

2°D *segue dietro vicino il Cand. e continua così per tutta la deambulazione.*

GI *rimette l'inginocchiatoio nel posto consueto.*

1°D *conduce il Cand. all'angolo NE, dove "squadrano" la Loggia (il 1°D deve accertarsi che nello*

---

[27] Il Candidato si alza e, accompagnato dai Diaconi, inizia a compiere delle perambulazioni intorno alla loggia, squadrandola. Ripercorre, in sintesi, il suo cammino iniziatico, salutando e formando il Passo, mostrando il Segno, comunicando il Toccamento e la Parola di Passo, sia in grado di Apprendista Ammesso che in quello di Compagno d'Arte Libero Muratore. Solo allora, il Maestro Venerabile lo dichiara Candidato correttamente preparato per essere innalzato al sublime grado di Maestro Muratore.

"squadrare", venga lasciato sufficiente spazio per il 2°D dietro il 1°D e il Cand.); il 1°D istruisce il Cand. a partire con il piede sinistro e procede con lui (il 2°D segue) fino ad un punto di fronte al piedistallo del MV, lì si ferma e lascia la mano.

1°D *al Cand.* – Salutate il MV come un Muratore – *si assicura che il Cand. formi il Passo, dia il Segno di AA e lo completi.*

1°D *prende il Cand. per la mano destra, lo istruisce a partire con il piede sinistro e lo conduce, passando per l'angolo a SE che viene "squadrato", al lato E del piedistallo del 2°S, dove si fermano paralleli al piedistallo e ad una distanza conveniente da esso. Lascia la mano.*

2°D *rimane dietro al Cand. il più vicino possibile.*

1°D – Avanzate verso il 2°S come tale, mostrando il Segno e comunicando il Toccamento e la Parola – *si assicura che il Cand. formi il Passo, dia il Segno di AA e lo completi.*

2°S – Avete qualcosa da comunicare?

1°D *suggerendo ad alta voce al Cand.* – Sì, ce l'ho. *(il Cand. ripete).*

2°S *si alza, si volta verso il Cand. con il Passo e gli porge la mano.*

1°D *pone la mano destra del Cand. in quella del 2°S e sistema, da sopra, la Stretta di AA.*

2°S *dà la Stretta dopo che il 1°D ha aggiustato il pollice destro del Cand. e mantiene la Stretta durante tutto il colloquio* – Che cos'è questo?

1°D *suggerendo ad alta voce al Cand.* – La Stretta o Toccamento. di un AALM. *(il Cand. ripete).*

2°D – Che cosa richiede?

1°D *suggerendo ad alta voce al Cand.* – Una Parola. *(il Cand. ripete).*

2°S – Datemi quella Parola, liberamente e per esteso.

1°D *suggerendo ad alta voce al Cand.* – B..Z[28]. *(il Cand. ripete)*

[28] È chiamata Boaz la colonna sinistra dell'ingresso del Tempio di Re Salomone e significa "solidità". Prima del 1800, in alcune Obbedienze e in alcuni Rituali, "Boaz" è la parola sacra del 2° Grado e "Jachin" quella del 1° Grado. "Questa indifferenza nel trattare e spostare le parole sacre, indica che già da allora non vi era in molti fratelli piena coscienza del loro valore simbolico e della conseguente relazione coi vari gradi. Il Ragon, considerato come l'autore sacro dell'Ordine, imputa al rito scozzese la colpa dell'inversione; ma il Ragon era nemico acerrimo del rito scozzese e difendeva il Grande Oriente di Francia. Egli non adduce alcuna prova a sostegno della sua affermazione …" (Cfr. Arturo REGHINI, *Le Parole Sacre e di Passo e il Massimo Mistero Massonico*, Atanòr Editrice, 2015, rist. anast. 1922, p. 33).

2°S – Passate, B..Z – *rimette la mano destra del Cand. nella mano sinistra del 1°D e si siede.*

1°D *conduce il Cand. sul pavimento della Loggia, lo istruisce a partire con il piede sinistro e lo guida, passando per l'angolo SO che viene "squadrato", fino a un punto di fronte al piedistallo del 1°S; si ferma e lascia la mano.*

1°D – Salutate il 1°S come un Muratore. – *si assicura che il Cand. formi il Passo, dia il Segno di AA e lo completi.*

1°D *prende la mano destra del Cand., lo istruisce a partire con il piede sinistro, lo conduce all'angolo NO della Loggia che viene "squadrato" e procede con il Cand. verso l'estremità E della Loggia, per girare per una seconda volta.*

2° D *continua a seguire dietro, da vicino, il Cand., nel suo giro.*

1°D *conduce il Cand. all'angolo NE della Loggia, che viene "squadrato", e poi fino ad un punto di fronte al piedistallo del MV, si ferma lì e lascia la mano.*

1°D – Salutate il MV come CdA. – *si assicura che il Cand. formi il Passo, dia il Segno di CdA e lo completi.*

1°D *riprende la mano destra del Cand., lo istruisce a partire con il* *piede sinistro e lo conduce, passando per l'angolo a SE, che viene "squadrato", fino a un punto di fronte al piedistallo del 2°S, si ferma e lascia la mano.*

1°D *al Cand.* – Salutate il 2°S come CdA. – *si assicura che il Cand. formi il Passo, dia il Segno di CdA e lo completi.*

1°D *prende la mano destra del Cand., lo istruisce a partire con il piede sinistro e lo conduce, passando per l'angolo SO, che viene "squadrato", fino al lato S del piedistallo del 1°S, dove si fermano paralleli al piedistallo e ad una distanza conveniente da esso. Lascia la mano.*

2°D *rimane dietro il Cand. il più vicino possibile.*

1°D – Avanzate verso il 1°S come tale, mostrando il Segno e comunicando il Toccamento. e la Parola di quel Grado. – *si assicura che il Cand. formi il Passo, dia il Segno di CdA e lo completi.*

1°S – Avete qualcosa da comunicare?

1°D *suggerendo ad alta voce al Cand.* – Si, ce l'ho. *(il Cand. ripete).*

1°S *si alza e si volta verso il Cand. con il Passo e gli porge la mano.*

1°D *mette la mano destra del Cand. in quella del 1°S e sistema, da sopra, la Stretta di CdA.*

1°S *dà la Stretta dopo che il 1°D ha sistemato il pollice destro del Cand. e mantiene la Stretta durante tutto il colloquio.*

1°S – Che cos'è questo?

1°D *suggerendo ad alta voce al Cand.* – La Stretta o Toccamento. di un CdALM. *(il Cand. ripete).*

1°S – Che cosa richiede?

1°D *suggerendo ad alta voce al Cand.* – Una Parola.*(il Cand. ripete).*

1°S – Datemi quella parola, liberamente e per esteso.

1°D *suggerendo ad alta voce al Cand.* – JA.H.N[29]. *(il Cand. ripete).*

1°S – Passate, JA.H.N – *rimette la mano destra del Cand. nella mano sinistra del 1°D e si siede.*

1°D *prende la mano destra del Cand. e lo conduce sul pavimento della*

---

[29] È chiamata Jachin la colonna destra dell'ingresso del Tempio di Re Salomone e significa "edificare". Unite insieme, Boaz e Jachin, significano "stabilità". Ricordiamo che le due colonne sono una metafora del corpo umano. Sono le nostre gambe su cui dobbiamo rimanere "stabili" per raggiungere il perfetto equilibrio fisico.

Loggia, lo istruisce a partire con il piede sinistro e lo porta a N del piedistallo del 1°S, si gira in senso orario, in modo che entrambi siano di fronte al MV e lascia la mano.

2°D *segue il Cand. finché il 1°D e il Cand. sono di fronte al MV, quindi passa dietro a loro e si ferma a sinistra del Cand., in modo che tutti e tre siano allineati e rivolti verso E.*

MV 🔨 1°S 🔨 2°S 🔨

MV – I Fratelli prendano nota che il Fr ….., che è stato regolarmente iniziato nella Libera Muratoria e passato al Grado di CdA, sta per passare davanti a loro, per mostrare che egli è il Candidato correttamente preparato per essere innalzato al sublime Grado di MM[30].

1°D *prende la mano destra del Cand., lo istruisce a partire con il piede sinistro e lo conduce al lato N della Loggia per girare per una terza volta.*

2°D *si allinea dietro il Cand., come nei precedenti giri e continua ancora a seguire il Cand. dietro, da vicino.*

1°D *conduce il Cand. all'angolo NE, che viene "squadrato" e procede fino a un punto di fronte al piedistallo del MV; si ferma e lascia la mano.*

---

[30] Inizia ora la Cerimonia di Innalzamento.

1°D – Salutate il MV come CdA. – *si assicura che il Cand. formi il Passo, dia il Segno di CdA e lo completi.*

1°D *prende la mano destra del Cand., lo istruisce a partire con il piede sinistro, continua il giro, "squadrando" l'angolo SE; si ferma davanti al piedistallo del 2°S e lascia la mano.*

1°D – Salutate il 2°S come CdA. – *si assicura che il Cand. formi il Passo, dia il Segno di CdA e lo completi.*

1°D *prende la mano destra del Cand. lo istruisce a partire con il piede sinistro e continua il giro, "squadrando" l'angolo SO, e conduce il Cand. fino a S del piedistallo del 1°S restando paralleli al piedistallo e a una distanza conveniente da esso. Lascia la mano.*

1°D – Avanzate verso il 1°S come tale, mostrando il Segno e comunicando la Stretta di Passo e la Parola di Passo, che avete ricevuto dal MV prima di lasciare la Loggia. – *si assicura che il Cand. formi il Passo, dia il Segno di CdA e lo completi.*

1°S – Avete qualcosa da comunicare?

1°D *suggerendo ad alta voce al Cand.* – Sì, ce l'ho. *(il Cand. ripete).*

1°S *si alza, si volta verso il Cand. e gli porge la mano.*

1°D *pone la mano destra del Cand. in quella del 1°S e, con la mano sinistra sistema da sopra la Stretta di Passo.*

1°S *dà la Stretta di Passo dopo che il 1°D ha sistemato il pollice destro del Cand. e mantiene la Stretta di Passo durante tutto il colloquio.*

1°S – Che cos'è questo?

1°D *suggerendo ad alta voce al Cand.* – La Stretta di Passo che porta dal Secondo al Terzo Grado. *(il Cand. ripete).*

1°S – Che cosa richiede questa Stretta di Passo?

1°D *suggerendo ad alta voce al Cand.* – Una Parola di Passo *(il Cand. ripete).*

1°S – Datemi quella Parola di Passo.

1°D *suggerendo ad alta voce al Cand.* – TUB.LC..N *(il Cand ripete).*

1°S – Chi era TUB.LC..N[31]?

1°D *suggerendo ad alta voce al Cand.* – Il primo artigiano nei metalli.

1°S – Il significato della parola?

1°D *suggerendo ad alta voce al Cand.* – BEN. T.RR.N.[32]. *(il Cand ripete).*

1°S – Passate TUB.LC..N – *rimette la mano destra del Cand. nella mano sinistra del 1°D e rimane in piedi.*

1°D *prende la mano destra del Cand. e lo conduce sul pavimento della Loggia, lo istruisce a partire con il piede sinistro e lo guida al lato N del piedistallo del 1°S. Qui fa un giro su sé stesso in senso antiorario e pone la mano destra del Cand. nella mano sinistra del 1°S; si allinea alla sinistra del Cand. e si assicura che entrambi siano rivolti verso E.*

---

[31] Arturo Reghini pensa che Tubalcain sia il prodotto di una corruzione fonetica derivante dal greco τυμβοχοέιν (tumbocsoein), tratto da τυμβοχοεω (tumbocsoeo), che significa *preparo il mio sepolcro/ sono sotto l'ombra della morte/sollevo il tumulo sepolcrale* (Arturo REGHINI, *Le parole sacre e di Passo dei primi tre gradi ed il massimo mistero massonico,* copia anast. 1922, Roma, Atanòr, 2015, pp. 114-116. Non dimentichiamo che Hiram viene rinvenuto sepolto sotto un tumulo.

[32] Cfr. Tavola su "Tubalcain" allegata.

2°D *segue il Cand. e, quando il 1°D e il Cand. girano, prosegue e prende posizione alla sinistra del 1°D in modo che tutti e tre siano allineati e rivolti verso E.*

1°S *tenendo alzata la mano destra del Cand., Passo e Segno di Pena di MM* - MV, vi presento il Fr. ....., un Cand. correttamente preparato per essere innalzato al Terzo Grado[33]. – *mantiene il Segno e continua a tenere la mano destra del Cand.*

MV – Fr. 1°S, vogliate ordinare ai Diaconi di istruire il Cand. ad avanzare verso E con i Passi corretti.

1°S *completa il Segno e lo recupera, rimette la mano destra del Cand. nella mano sinistra del 1°D e si siede.*

1°D *occupa una posizione alla destra del Cand., si assicura che entrambi siano rivolti verso E, e lascia la mano.*

2°D *rimane sul posto, ora alla sinistra del Cand.*

---

[33] Cosa significa? Solo dopo aver accertato che il Candidato abbia abbandonato tutto quel che è terreno (per esempio, l'attaccamento al denaro, al potere in tutte le sue sfaccettature, ai pregiudizi, alle pulsioni, alle passioni sessuali; in poche parole, a tutti e sette i vizi capitali), si può dire che il Candidato sia "correttamente preparato" alla Maestria e possa sperare di ri-nascere.

1°S – FF. Diaconi, è comando del MV che voi istruiate il Cand. ad avanzare verso E con i Passi corretti.

1°D *prende la mano destra del Cand., lo istruisce a partire con il piede sinistro, lo conduce lungo il lato N della Loggia, fino a un punto conveniente di fronte al S, si ferma e si gira con lui per essere rivolto verso S.*

2°D *segue da vicino, dietro al Cand., e, quando il 1°D si ferma, passa dietro al Cand. e si gira verso S in modo che tutti e tre siano allineati.*

1°D *lascia il Cand. e si porta, passando all'esterno dell'estremità O del telo, al lato del telo più distante dal Cand., si gira e si ferma rivolto verso di lui.*

1°D – Il metodo di avanzare da O verso E, in questo Grado, consiste in sette passi; i primi tre come per scavalcare una fossa. Per vostra informazione, li eseguirò, e dopo voi mi imiterete.

1°D *si porta alla testa o estremità O della fossa, rivolto verso E; i piedi formati in una squadra, tallone contro tallone, il piede sinistro puntato ad E, e il piede destro puntato a S.*
Cominciando con il piede sinistro, fa un Passo da una parte all'altra della fossa in direzione NE, ponendo il piede sinistro al lato N della fossa a circa un terzo della lunghezza di

quest'ultima e puntato verso N. Il Passo viene completato portando il piede destro fino al piede sinistro, tallone contro tallone a forma di squadra e con il piede destro che punta ad E.

Cominciando con il piede destro fa un secondo Passo da una parte all'altra della fossa in direzione SE, ponendo il piede destro al lato S della fossa a circa due terzi della lunghezza di quest'ultima e puntato verso S. Questo Passo viene completato portando il piede sinistro fino al piede destro, tallone contro tallone, a forma di squadra, il piede sinistro che punta a E.

Cominciando con il piede sinistro fa un terzo Passo fino ai piedi o estremità E della fossa, il piede sinistro puntato a E. Il Passo viene completato portando il piede destro contro il piede sinistro, tallone contro tallone, a forma di squadra e con il piede destro che punta a S.

Cominciando con il piede sinistro fa quattro Passi in direzione verso E, finendo di fronte al piedistallo del MV con i piedi, tallone contro tallone, a forma di squadra, il piede sinistro che punta a NE e il piede destro che punta a SE.

1°D *ritorna quindi dal Cand., passando lungo i lati S e O della fossa, lo prende per la mano destra e lo mette in posizione all'estremità O della fossa e, rimanendo un po' più* *avanti a lui, sul lato S della fossa, lo istruisce sottovoce su come formare i Passi, e indicando la posizione per i piedi del Cand. Non mantiene la stretta di mano. Quando il Cand. raggiunge l'estremità E della fossa al terzo Passo, il 1°D cammina al suo fianco, per gli ultimi quattro Passi e rimane alla sua destra di fronte al piedistallo del MV.*

2°D *rimane fermo mentre il Cand. compie i primi tre Passi, quindi si muove in modo da arrivare di fronte al piedistallo del MV contemporaneamente al 1°D e al Cand., in modo tale che tutti e tre siano allineati e rivolti verso E.*

MV – È tuttavia giusto informarvi che una prova molto più seria della vostra fermezza e fedeltà e un Impegno ancor più solenne vi attendono.
Siete pronto ad affrontarli come dovreste?

Cand. – Lo sono.*(Se il Cand. non risponde, il* **1°D** *gli dovrebbe sussurrare "Rispondete")*

MV – Inginocchiatevi allora su entrambe le ginocchia, posate entrambe le mani sul Volume della Legge Sacra. *(il Cand. esegue) – Il MV si assicura che egli non posi la mano sulla Squadra e Compasso.*

MV 🔨   1°S 🔨   2°S 🔨

53

TUTTI *si alzano con il Passo ed il Segno di Pena di MM.*

D.ni *tengono le aste con la mano sinistra, le incrociano sopra la testa del Cand. formano il Passo e il Segno di Pena di MM.*

MV *al Cand.* – Dite il vostro nome per esteso e ripetete dopo di me:

Io ..... – *il Cand. dà il nome completo* – alla presenza dell'Altissimo, e di questa degna e venerabile Loggia di MM, debitamente costituita, regolarmente riunita, e correttamente dedicata, di mia personale libera volontà e con il mio consenso, con queste – *con la mano sinistra tocca una o entrambe le mani del Cand.* – e su questo – *con la mano sinistra tocca il Volume della Legge Sacra* – molto solennemente prometto e m'impegno che sempre nasconderò, celerò, e mai rivelerò alcuno o alcuni dei segreti o misteri propri o appartenenti al Grado di MM a chiunque al mondo, salvo a quello o quelli a cui gli stessi possono giustamente e legittimamente appartenere, e neppure a quello o quelli fino a dopo prova, rigoroso esame, o piena convinzione che egli o essi siano degni di tale confidenza, o nel seno di una Loggia di MM, debitamente aperta sul Centro.

Inoltre, prometto solennemente di aderire ai princìpi della Squadra e del Compasso, rispondere e obbedire a tutti i legittimi Segni e convocazioni che mi saranno inviati da una Loggia di MM, se entro la lunghezza della mia gomena[34] e non addurrò a pretesto alcuna scusa, ad eccezione di malattia o di pressanti emergenze delle mie occupazioni pubbliche o private.

Inoltre, prometto solennemente di difendere e sostenere i Cinque Punti della Fratellanza[35] nell'azione così come nella parola: che la mia mano, data a un MM, sarà un pegno sicuro di fratellanza; che i miei piedi attraverseranno difficoltà e pericoli per unirsi ai suoi nel formare una colonna di mutua difesa e sostegno; che la postura delle mie preghiere quotidiane mi ricorderà le sue necessità e disporrà il mio cuore a soccorrere le sue debolezze e alleviare i suoi bisogni, purché ciò

[34] Grosso cavo di canapa intrecciato, usato in marineria per ormeggio o rimorchio.

[35] "I cinque punti erano noti alla Massoneria ben prima dell'epoca in cui ci è attestato l'uso del grado di Hiram. Sembra certo che la loro collocazione originale fosse nel vecchio grado *B* – quello di Compagno – e che furono, in seguito, trasferiti nel terzo grado, con un diverso arrangiamento e con maggiore rilievo ritualistico". Infatti, con il passare del tempo, ci si orientò "sull'incrollabile fedeltà di Hiram ed i cinque punti del rituale odierno furono utilizzati per mettere in rilievo gli onori e gli oneri della fratellanza" (Bernard E. JONES, *Guida e Compendio per i Liberi Muratori*, Roma, Editrice Atanòr s.r.l., 1987, p. 304).

possa essere completamente fatto senza detrimento per me stesso o per i miei congiunti; che il mio petto sarà il sacro depositario dei suoi segreti, quando affidati alla mia custodia, essendo eccettuati in particolare, in ogni momento, l'omicidio, il tradimento, la fellonia e tutti gli altri reati contrari alle leggi di Dio e alle disposizioni dello Stato.

E, infine, che difenderò l'onore di un MM e che lo proteggerò scrupolosamente come mio proprio: che io stesso non lo offenderò, né consapevolmente tollererò che ciò sia fatto da altri se in mio potere impedirlo, ma che, al contrario, respingerò chiaramente il diffamatore del suo buon nome, e che rigorosamente rispetterò la castità di coloro a lui più vicine e più care, nelle persone di sua moglie, di sua sorella e di sua figlia.

Tutti questi punti giuro solennemente di osservare, senza evasione, equivoco o riserva mentale di alcun genere.

Che l'Altissimo mi aiuti, e mi tenga saldo in questo mio Solenne Impegno di MM.

TUTTI *completano il Segno di Pena, recuperano e lasciano cadere la mano.*

D.ni *abbassano le aste alla mano destra.*

MV – Come pegno della vostra fedeltà, e per rendere questo vincolante come un Solenne Impegno fintanto che vivrete, lo suggellerete tre volte[36] con le vostre labbra sul Volume della Legge Sacra *(il Cand. esegue).*

1°D *se necessario istruisce sottovoce.*

MV – Permettetemi una volta ancora di richiamare la vostra attenzione sulla posizione della Squadra e del Compasso.
Quando foste fatto AA, entrambe le punte erano nascoste; nel Secondo Grado una era scoperta; in questo entrambe sono esposte, significando che siete ora in libertà di lavorare con entrambe quelle punte in modo da rendere completo il cerchio dei vostri doveri Massonici.

MV *prende la mano destra del Cand. dal Volume della Legge Sacra, con la propria mano destra* – Alzatevi, ora da poco tempo impegnato MM – *rende la mano destra del Cand. al 1° D.*

---

[36] Nell'Impegno Solenne del 1° grado è previsto che il Candidato suggelli, una sola volta, con le labbra, il Volume della Legge Sacra. Nell'Impegno Solenne del 2° grado, invece, è previsto che il Candidato lo suggelli due volte. Ora, nel 3° grado il Candidato lo deve suggellare tre volte. Questo dimostra il valore che l'Impegno Solenne rappresenta per il Candidato e l'importanza del vincolo che lo unisce.

MV *si siede.*

TUTTI *(eccetto i* **D.ni** *e il* **Cand.***) si siedono.*

D.ni *assistendo il Cand., se necessario prendendogli le mani, ad indietreggiare con lui finché non arrivano ai piedi della fossa, e là si fermano, ancora allineati, rivolti verso E.*

ESORTAZIONE

MV – Avendo prestato il Solenne Impegno di un MM, avete ora diritto di chiedere l'ultima e suprema prova, solo mediante la quale potete essere ammesso a partecipare ai segreti di questo Grado; ma è, prima, mio dovere richiamare la vostra attenzione su un esame retrospettivo di quei gradi nella Libera Muratoria attraverso i quali siete già passato, in modo che possiate al meglio essere messo in grado di distinguere ed apprezzare la connessione di tutto il nostro sistema e le relative dipendenze delle sue diverse parti.

La vostra ammissione tra i Massoni, in una condizione di miseria inerme, fu una rappresentazione emblematica dell'ingresso di tutti gli uomini in questa loro mortale esistenza. Essa inculcava le utili lezioni della naturale eguaglianza e della mutua dipendenza; essa vi istruiva nei principi operosi della carità e beneficenza universale, per cercare conforto alle vostre afflizioni offrendo sollievo e consolazione ai vostri simili nell'ora della loro sofferenza. Ma soprattutto, vi insegnava ad inchinarvi, con umiltà e rassegnazione, alla volontà del Grande Architetto dell'Universo; a dedicare il vostro cuore[37], così

[37] Dante Alighieri ed i "Fedeli d'Amore" ci ricordano l'importanza del "cor gentile" nel cammino iniziatico. Si tratta del cuore purificato e disposto a ricevere l'illuminazione. "Il Rituale *Emulation* prepara il nostro cuore, rendendolo più docile, obbligandoci a dissolvere la vernice sociale, per mostrarci ai nostri Fratelli come siamo veramente. Il metodo non desta sentimenti di alterigia, ma di sincera umiltà, perché questo duro lavoro ci rimette al nostro giusto posto" (David TAILLADES, *Il rito Emulation. Un'autentica via di realizzazione spirituale,* Torino, Associazione Culturale Harmonia mundi, 2016, p. 70).

Non serve a niente essere presente alle tornate di loggia ed imparare a pappagallo certe frasi del Rituale. Così, si continua a dormire. È necessario e doveroso, invece, svegliarsi, anzi, risvegliarsi. Il risveglio spirituale non può essere conseguito se non con l'esercizio continuo di pratiche meditative come l'ascesi. Etimologicamente "ascesi" viene dal latino "ascendere", che significa "salire", "andare dal basso verso l'alto".

L'ascesi è una pratica interiore, spirituale, che, mediante l'abnegazione, l'esercizio continuo delle virtù, il distacco dalla egoistica sessualità e la meditazione conduce ad un disinteresse graduale del mondo profano e contemporaneamente ad una "ascensione" verso Dio. In poche parole, dobbiamo liberarci dell'*io* e quindi, *a morire prima di morire*: "Solo i morti possono sapere cosa significa

purificato da ogni passione velenosa e malvagia, pronto unicamente alla ricezione della verità e della saggezza, a Sua gloria e per il bene dei vostri simili mortali[38].

Procedendo avanti, guidando ancora il vostro progresso mediante i principi della verità morale, foste

essere morti" (A. K. COOMARASWAMY, in David TAILLADES, *Il rito Emulation. Un'autentica via di realizzazione spirituale*, Torino, Associazione Culturale Harmonia mundi, 2016, p. 84). Non c'è bisogno della presenza di una guida spirituale. In Massoneria non esiste, né deve esistere, il "maestro spirituale". Ognuno di noi è e deve essere maestro di sé stesso.

[38] Allorquando il Candidato al Terzo grado sarà riuscito a purificare la sua anima, solo allora potrà ricevere l'illuminazione interiore. La purificazione si ottiene mediante la catarsi (dal greco κάθαρσις, *katharsis*, che significa purificazione, pulizia). Secondo Platone, la catarsi è un processo conoscitivo, attraverso il quale ci si libera dalle impurità dello Spirito, memori dello stato di purezza originaria, quella del mondo delle idee, dove domina il Bene. Nel *Fedone*, Platone utilizza questo termine per indicare in che senso vada inteso l'imparare a morire di Socrate, il quale, con la liberazione dell'anima dalle passioni più materiali, quelle che spingono a soddisfare egoisticamente il proprio *io*, possa aprirsi alla prospettiva della φρόνησις (dal greco *phronesis*, che significa saggezza), forma di conoscenza che è capace di indirizzare la scelta.
La catarsi è necessaria a mondare il corpo contaminato dalle passioni e a liberare la mente, l'anima dall'irrazionale.
In psicologia, la catarsi equivale alla liberazione da una

portato nel Secondo Grado, per contemplare la capacità intellettuale e tracciare il suo sviluppo, attraverso i sentieri della scienza divina, fino al trono di Dio medesimo. I segreti della Natura e i principi della verità intellettuale vennero allora svelati alla vostra vista. Alla vostra mente, così plasmata dalla virtù e dalla scienza, la Natura, tuttavia, offre ancora una grande e utile lezione. Essa vi prepara, mediante la contemplazione[39], per l'ora finale sofferenza, da situazioni conflittuali. Soltanto, quando, dopo aver fatto riaffiorare alla coscienza dell'individuo gli eventi responsabili, questi saranno rimossi dal subconscio.

Durante il nostro lungo e, a volte, inarrivabile cammino iniziatico, quando ci accorgeremo, a livello individuale, di alcuni fenomeni, come l'amplificazione della memoria, il controllo della respirazione, della postura del corpo, un aumento della concentrazione, vuol dire che siamo sulla giusta e buona strada. A poco a poco si sta avvicinando la pace interiore, la calma mentale. Tutto ciò è il segno che potremo pervenire alla vera Luce.

[39] È la prima volta che nel Rituale *Emulation* compare il termine "contemplazione". Deriva dal verbo latino *contemplor, contemplari*, contemplare, osservare entro uno spazio circoscritto, detto *templum*. Etimologicamente proviene da *cum* (con, per mezzo) e *templum* (lo spazio del cielo che l'augure circoscriveva con il suo lituo per osservare il cielo). Contemplare significa, pertanto, fissare lo sguardo, il pensiero su qualcosa che suscita ammirazione, stupore, meraviglia. La contemplazione, quindi, è la profonda concentrazione della mente nella meditazione di cose divine e spirituali. Una forma più intensa della contemplazione è la

dell'esistenza; e quando, per mezzo di quella contemplazione, essa vi ha condotto attraverso gli intricati meandri di questa vita mortale, vi istruisce, infine, su come morire[40].

Tali, Fratello mio, sono gli scopi peculiari del Terzo Grado nella Libera Muratoria. Essi vi invitano a riflettere vita ascetica. I concetti di "fratellanza", di "carità", di "morale", fondamentali nella fase del percorso massonico, sia dell'Apprendista che del Compagno, sono ora insufficienti, inadeguati rispetto al vero fine del percorso iniziatico che conduce alla Maestria. Dobbiamo operare una trasformazione interiore, in modo da poter percepire l'essenza stessa delle cose, la realtà metafisica che va "oltre" il reale e il visibile. E questo lo possiamo ottenere con la "contemplazione", detta anche "conoscenza intuitiva" o "intuizione intellettuale". In poche parole, nel Terzo Grado non possiamo più fare affidamento alle sole facoltà morali e intellettuali, poiché il divino si regge sull'intuizione e non sulla ragione, e si basa sulla percezione del Tutto e non delle sue singole parti.

La logica e la razionalità non potranno mai permetterci di vedere l'insieme delle cose, la loro vera ed ultima natura. La logica e la razionalità dovranno, ad un certo punto del nostro cammino, essere abbandonate in favore della "contemplazione", che apre le porte dell'intuizione e della vera conoscenza.

[40] La contemplazione ci prepara per l'ora finale della nostra esistenza, insegnandoci su come morire. Non tutto finisce con la morte terrena. *Vita mutatur, non tollitur.* La vita non viene tolta ma, soltanto, trasformata. Biologicamente la morte non esiste, perché tutto si tramuta, si trasforma. Nascita e morte

su questo terribile tema[41], e vi insegnano ad essere sicuro che, per l'uomo retto e virtuoso, la morte non causa tanto terrore quanto quello di essere macchiati dalla menzogna e dal disonore. Di questa grande verità, gli annali della Massoneria offrono un glorioso esempio nell'incrollabile fedeltà e convivono, e, forse, ... coincidono?
La Chiesa Cattolica festeggia i suoi Santi nel giorno della loro morte terrena. Il giorno della loro "morte" coincide con la loro "nascita" alla vita vera.
Come massoni, sappiamo come l'uomo sia costituito da materia, anima e spirito.
Come gli abiti sono delle coperture del corpo, così il corpo e l'anima sono semplici involucri dello spirito. La morte riguarda solo il corpo fisico, solo ciò che è raggiungibile con i sensi e fa parte di questo mondo transeunte.
Dum sumus in corpore, peregrinamur a Domino. Finché rimaniamo prigionieri del nostro corpo, camminiamo lontani dal Signore (LA BIBBIA, Paolo, *2ª Lettera ai Corinzi*, 5:6).
Secondo Socrate, tutta la vita deve essere riflessione sulla morte ed allenamento ad affrontarla.

[41] "Ho spesso pensato alla morte, e ho scoperto che è il minore di tutti i mali. Tutto ciò che è passato è un sogno, e chi spera nel futuro, o dipende da esso, sogna ad occhi aperti. Tanta parte della vita che abbiamo vissuta è morta, e tutti i nostri giorni, dal ventre della madre fino al ritorno alla Grande Madre Terra, non sono altro che morte. Persino il momento presente e quelli che verranno sono della stessa natura, perché ogni giorno moriamo, e come altri ci hanno fatto posto così dovremo, infine, farne noi ad altri ancora".
[Francesco BACONE (1561-1626) in Bernard E. JONES, *Guida e*

nella nobile morte del nostro Maestro Hiram Abib, che venne ucciso poco prima del completamento del Tempio di Re Salomone, alla costruzione del quale egli fu, come senza dubbio voi siete bene a conoscenza, il principale Architetto[42]. La sua morte avvenne nel seguente modo.

Compendio per i Liberi Muratori, Roma, Editrice Atanòr s.r.l., 1987, p. 318].

[42] Come è noto, quando si parla di tempio, di costruzioni, di edifici, non ci si riferisce al Tempio di Re Salomone, né a costruzioni tangibili esteriormente, ma al nostro "Tempio" interiore, al modo e al tempo che impieghiamo a realizzarlo e alle difficoltà che insorgono per costruirlo. Ogni costruzione è un atto sacro, consistente nel materializzare il Cielo sulla Terra. Creare il "tempio" interiore, consente ai Massoni di diventare il ricettacolo della presenza divina. Dio è l'Architetto del Tempio, mentre Hiram Abib, incaricato dell'esecuzione dei lavori, è solamente l'*artifex*. Una volta realizzato questo Tempio, l'uomo diventa il *trait-d'union* tra ciò che è in Alto e ciò che è in Basso. Questo è il motivo per cui il Maestro Muratore si trova fra il compasso e la squadra o, ancora, fra il Cielo e la Terra. Le Scritture (LA BIBBIA, Libro *1 Re*, *8:10-14*) ci insegnano che il Tempio è davvero terminato quando Dio ne prende possesso per abitarlo eternamente. La ricerca della divinità deve avvenire "dentro" l'essere umano, che contiene già al suo interno la verità divina. Ci troviamo di fronte al cosiddetto "indiamento"? all'unione dell'uomo con Dio? L'uomo fa parte della natura divina, elevandosi ad una dimensione trascendentale.

MV *chiama i Sorveglianti* – FF. Sorveglianti.

Sorv.ti *lasciano i loro posti; il 1°S dal lato N portando con sé la Livella, il 2°S dal lato O portando con sé il Filo a Piombo. Il 1°S procede verso E in linea retta su per la Loggia; il 2°S aspetta finché il 1°S è alla sua stessa altezza; quindi, entrambi avanzano fianco a fianco fino a quando non arrivano dietro i D.ni. Il 1°S tocca la spalla destra del 2°D e il 2°S, contemporaneamente, tocca la spalla sinistra del 1°D.*

D.ni *fanno un passo verso l'esterno.*

Sorv.ti *si avvicinano allineati tra i Diaconi e il Cand., il 1°S alla sinistra e il 2°S alla destra del Cand. Questa linea di cinque viene mantenuta per un momento da N a S, rivolti a E.*

D.ni *si girano quindi verso l'esterno e tornano ai loro posti.*

2°S *istruisce il Cand. ad incrociare il piede destro sul sinistro.*

Sorv.ti *tengono saldamente il Cand. per le mani, in modo da avere il pieno controllo su di lui e affinché in nessun momento egli possa perdere l'equilibrio.*

MV – Quindici CdA, di quel rango superiore designato per presiedere sugli altri, rendendosi conto che l'opera era pressoché terminata, e che non erano in possesso dei

65

segreti del Terzo Grado, congiurarono per ottenerli con qualsiasi mezzo, facendo anche ricorso alla violenza. Al momento, però, di porre in atto la loro congiura, dodici dei quindici si ritirarono; ma tre, di carattere più risoluto e feroce degli altri, persistettero nel loro empio disegno, e nel perseguimento del quale si misero rispettivamente alle entrate E, N e S del Tempio, dove il nostro Maestro si era ritirato in adorazione dell'Altissimo, come era sua abituale consuetudine all'ora del Mezzogiorno. Avendo terminato le sue devozioni, egli cercava di tornare dall'entrata Sud, dove fu affrontato dal primo di quegli scellerati, il quale, per mancanza di altra arma, si era munito di un pesante Filo a Piombo[43] e, in modo minaccioso, pretendeva i segreti di un MM, avvertendolo che la morte sarebbe stata la conseguenza di un rifiuto. Il nostro Maestro, fedele al suo

---

[43] Il Filo a piombo o Perpendicolo o Perpendicolare è uno strumento di misurazione verticale. È la metafora, quindi, di una ascesa verso la conoscenza. Rappresenta l'equilibrio interiore e la ricerca spirituale. Ricorda la congiunzione tra cielo e terra; individua una retta verticale idealmente infinita che conduce alla perfezione. Esprime una sincera integrità morale, una profonda rettitudine ed un senso di giustizia notevole. In poche parole, il Filo a piombo è l'emblema dell'interiorità e della via dello spirito. È uno strumento che mette al bando la vendetta, la malizia, l'invidia, l'egoismo e l'ingratitudine.

Impegno, rispose che tali segreti erano noti solo a tre persone al mondo e che senza il consenso e la collaborazione degli altri due, egli non avrebbe né potuto né voluto divulgarli, ma suggerì che non aveva alcun dubbio che, a tempo debito, la pazienza e l'operosità avrebbero dato al Maestro meritevole il diritto di esserne partecipe, ma che, da parte sua, avrebbe subito la morte, piuttosto che tradire la sacra fiducia riposta in lui.

Non dimostrandosi questa risposta soddisfacente, lo scellerato diresse un colpo violento alla testa del nostro Maestro; ma essendo sobbalzato alla fermezza del suo comportamento, mancò la sua fronte e deviò solamente sulla sua tempia destra – **2°S** *tocca la tempia destra del Cand. con il Filo a Piombo (il movimento può essere fatto dalla fronte verso l'indietro)* – ma con una forza tale da farlo vacillare e cadere sul suo ginocchio sinistro.

1°S *istruisce sottovoce il Cand. ad inginocchiarsi sul ginocchio sinistro e quindi a riprendere la posizione eretta; i due Sorveglianti assistono e si assicurano che il Cand. incroci nuovamente i piedi.*

MV – Ripresosi dal colpo, egli si diresse verso l'entrata a N, dove venne avvicinato dal secondo di quegli scellerati, al quale diede una risposta simile con immutata fermezza, quando lo scellerato, che era armato di una Livella[44], gli sferrò un colpo violento sulla tempia sinistra – **1°S** *tocca il Cand. sulla tempia sinistra con la Livella* – che lo portò a terra sul suo ginocchio destro.

1°S *istruisce sottovoce il Cand. ad inginocchiarsi sul ginocchio destro e, quindi, a riprendere la posizione eretta; i due Sorveglianti assistono e si assicurano che il Cand. incroci nuovamente i piedi.*

MV – Trovandosi la ritirata tagliata in entrambi i punti, egli, sfinito e sanguinante, avanzò barcollando verso l'entrata E, dove era appostato il terzo scellerato, che ricevette una risposta simile alla sua arrogante pretesa, perché anche in questo momento difficile il nostro Maestro rimase fermo ed irremovibile quando il malvagio, che era armato di un Maglio[45] pesante, gli sferrò un

[44] La Livella è uno strumento di misurazione orizzontale. Simboleggia l'uguaglianza, anche se tutti gli esseri umani sono diversi tra loro. Nessuno stato di superiorità può far dimenticare che siamo tutti fratelli, tutti figli dello stesso Padre. Ricordiamoci che la morte livellerà tutti gli uomini e che ogni tipo di distinzione, inesorabilmente, cadrà, fatta eccezione per la bontà e per la virtù che avremo esercitato. Dobbiamo mettere al bando, quindi, le passioni profane e la ricerca egoistica del benessere materiale fine a sé stesso.

[45] Il Maglio (dal latino *malleus*, martello) è una mazza (o mazzuolo) che serve allo sgrossamento della pietra grezza. Simboleggia la forza di volontà e la determinazione ad agire

> colpo violento sulla fronte – *da seduto, alza il Maglio pesante ed esegue il movimento di colpire il Cand., senza toccarlo* – che lo abbatté, privo di vita, ai suoi piedi[46].
>
> **Sorv.ti** *adagiano il Cand. all'indietro, in posizione supina, con le braccia lungo i fianchi e il piede destro*

per il bene, secondo virtù e coscienza. È, inoltre, l'emblema del lavoro che aiuta a rimuovere gli ostacoli e vincere le difficoltà. È, oltre a tutto, l'insegna del comando, impugnato dalla mano destra, il lato attivo. Fermezza e perseveranza sono gli attributi che meglio si addicono allo strumento.

[46] La morte di Hiram è metaforica, non è una morte fisica. L'organismo è ancora conservato, ha semplicemente cancellato, ucciso il suo vecchio "io", sostituendolo con un nuovo "IO", acquisendo, in tal modo, una capacità illimitata della propria mente. L'uomo deve morire a sé stesso, prima di passare nel regno dello Spirito. L'uomo deve discostarsi dai propri desideri, deve ricusare la sua antica natura prima di riavvicinarsi alla parte divina che è nascosta nel suo intimo.
Il Terzo Grado si può considerare come il vero grado dell'Iniziazione massonica. Il primo ed il secondo grado sono solo propedeutici al terzo; infatti, essi non prescrivono altro che la purificazione della natura corporale (Primo Grado) e mentale (Secondo Grado), necessarie, d'altra parte, per accedere al Terzo Grado.
Come la morte costituisce la fine temporale dell'uomo, così il Terzo Grado non è altro che la fine del nostro Cammino massonico. A dir la verità, il Cammino va oltre al *Craft*, prosegue con l'Arco Reale, anzi, è tutt'uno con esso. Se l'Arco Reale non fosse una parte integrante del *Craft*, quest'ultimo sarebbe un insegnamento incompleto. Infatti, il suo ruolo

ancora incrociato sopra il piede sinistro.

Sorv.ti *restano in piedi ai lati del Cand., alla testa della fossa, rivolti a E, il 2°S al lato S.*

MV - I Fratelli prendano nota che nella presente cerimonia, così come nella sua attuale posizione, il nostro Fratello è stato reso così, per rappresentare uno dei personaggi più luminosi registrati negli annali della Muratoria, vale a dire Hiram Abib, che perse la propria vita come conseguenza della sua incrollabile fedeltà alla sacra fiducia riposta in lui, e io spero che ciò possa produrre un ricordo permanente, sia nella sua che nelle vostre menti, qualora

sarebbe allegorico e non mistico, dato che l'essenza di un insegnamento mistico è di concedere all'uomo uno sguardo su cosa si cela dopo la morte e di mostrargli la sua integra connessione con cosa si cela prima della morte; di fatto, la nascita e la morte sono inesplicabili tanto quanto la vita.

doveste essere posto in un simile stato di prova[47].

Fratello 2°S, voi tenterete di sollevare colui che rappresenta il nostro Maestro mediante la Stretta di AA.

2°S avanza lungo il fianco destro del Cand. fino all'altezza delle ginocchia del Cand., lo scavalca con il piede destro, solleva la mano destra del Cand. con la sua mano sinistra, dà la Stretta di AA con la sua mano destra, la fa scivolare, e con la mano sinistra delicatamente rimette la mano destra del Cand. al suo fianco. Torna alla sua posizione precedente alla testa della fossa.

2°S Passo e Segno di Pena di MM – MV, si rivela sfuggente – *completa il Segno che recupera.*

MV – Fratello 1°S, voi proverete quella di CdA.

1°S avanza lungo il fianco sinistro del Cand. fino all'altezza delle ginocchia

---

[47] Durante il suo Innalzamento alla Maestria, il Candidato personifica Hiram Abib. Egli rappresenta il fedele artigiano che muore, prima di essere risollevato attraverso i 5 Punti della Fratellanza. Questa è la singolarità del grado, rispetto ai primi due, in cui l'iniziando al Primo Grado, e il Candidato al rito di Passaggio, nel corso dei relativi rituali, non sono altro che sé stessi.

Il Massone è invitato a comportarsi come Hiram nella sua vita quotidiana, cioè a farne un modello.

del Cand., lo scavalca con il piede sinistro, solleva la mano destra del Cand. con la sua mano sinistra, dà la Stretta di CdA con la sua mano destra, la fa scivolare e con la mano sinistra delicatamente rimette la mano destra del Cand. al suo fianco. Torna alla sua posizione precedente alla testa della fossa.

1°S *Passo e Segno di Pena di MM* – MV, si rivela allo stesso modo sfuggente – *completa il Segno che recupera.*

MV – Fratelli Sorveglianti, avendo entrambi fallito nei vostri tentativi, ci rimane un terzo sistema, mediante una presa più salda dei tendini della mano e innalzandolo sui Cinque Punti della Fratellanza, cosa che, con la vostra assistenza, proverò di fare – *lascia il seggio da S, avanza fino ai piedi del Cand. che disincrocia, in modo tale che i talloni siano circa a 15 cm. di distanza. Il MV accosta quindi il piede destro al piede sinistro, prende la mano destra del Cand. con la Stretta di MM, e con l'aiuto dei Sorveglianti, rialza il Cand. sui Cinque Punti della Fratellanza.*

1°S *si assicura che la mano sinistra del Cand. sia estesa sulla spalla del MV, palmo verso il basso e pollice a forma di squadra.*

MV *rimanendo nella posizione dei Cinque Punti della Fratellanza* – È così che tutti i MM vengono innalzati[48] da una morte metaforica, per riunirli con i precedenti compagni delle loro fatiche – *scioglie l'abbraccio* – Fratelli Sorveglianti, riprendete i vostri posti.

Sorv.ti *tornano direttamente ai posti e rimettono a posto la Livella ed il Filo a Piombo.*

[48] Da un punto di vista scenografico, la cerimonia viene definita come "innalzamento". Si tratta, in pratica, di un risollevamento di un corpo, una anàstasi (dal greco antico ανάστασις, anàstasis, la cui forma verbale può essere resa come risollevare, risvegliare, risorgere). Il rituale della Maestria è, senza ombra di dubbio, la rappresentazione di un mito, che permette di insegnare dei "segreti", partendo da azioni sceniche.

La leggenda di Hiram, con il suo martirio, la sua morte, la sua tomba e la sua risurrezione, ricorda innegabilmente le vicende di Cristo. È vero, ma bisogna essere intellettualmente onesti per notare come il martirio, la morte, la risurrezione non sono peculiarità del Cristianesimo. La troviamo nella religione degli antichi Egizi, nel Zoroastrismo, nelle religioni misteriche elleniche e romaniche, nell'Ebraismo, nello Gnosticismo, nel Manicheismo ed anche nell'Islam. Come è evidente, il rituale di Hiram non è certo un rituale "massonico", in senso stretto, ma affonda le sue radici, come accennato, in un periodo molto remoto e arcaico.

D'altra parte è noto che i Misteri di origine greca (di Eleusi, di Samotracia, di Dioniso, di Orfeo, di Demetra e Persefone), o di origine orientale (Misteri di Adone, di Attis e di Cibele, di Mitra, di Iside e di Osiride) presentavano ai loro adepti il principio della morte e della rinascita attraverso un rituale scenico e che l'iniziato, allora, vi rivestiva un "ruolo", come nel caso del 3° grado massonico. Ci sono molti elementi della

MV prende il Cand. per entrambe le mani e gentilmente lo fa girare in senso orario, in modo che si trovi a N, rivolto a S. Il MV mette le mani del Cand. lungo i suoi fianchi, fa un passo all'indietro oltre la linea della fossa e là si ferma. Il MV e il Cand. ora sono direttamente l'uno di fronte all'altro.

IL DOVERE

MV *al Cand.* — Lasciatemi ora pregarvi di osservare che la Luce di un MM è l'oscurità visibile[49], che

struttura del rituale che testimoniano il carattere molto antico del 3° grado massonico, in quanto "mistagogia" [dal greco antico μυσταγωγία, composto da μύστης (iniziato) e da ἄγω, (conduco)], cioè, istruzione alla iniziazione al Mistero. In pratica il Mistagogo era un sacerdote che dava una istruzione preliminare a coloro che dovevano essere iniziati. È ovvio che, tutto ciò, indica che si tratta di un Mistero iniziatico anteriore al Cristianesimo.

[49] "Oscurità visibile" potrebbe sembrare un semplice ossimoro. La luce ed il buio non sono tra loro opposti, ma solo complementari. È la *coincidentia oppositorum*, la "coincidenza degli opposti" di Nicola Cusano, teologo e filosofo del XV secolo, autore del *De docta ignorantia* (!).

Luce e ombra non sono che elementi opposti della medesima realtà. Sappiamo che il luogo illuminato dal sole, viene sempre raggiunto dall'ombra. Come in una caverna estremamente buia, piena di tesori invisibili, il cercatore non vedrà nulla, fino a quando l'occhio non si sarà abituato gradualmente all'oscurità e questa gli apparirà finalmente

serve soltanto per esprimere quella penombra che si posa sulla prospettiva del futuro. Essa è quel velo misterioso che l'occhio della ragione umana non può penetrare, a meno che non sia assistito da quella Luce[50] che proviene dall'alto. Tuttavia, anche solo con questo barlume, potete percepire di essere "visibile".
"La luce splende nelle tenebre, ma le tenebre non l'hanno accolta" (LA BIBBIA, *Vangelo di Giovanni*, 1:5). Alcuni Autori "accolta" la traducono con "sopraffatta", "compresa", "vinta".
È bene ricordare che la "Luce" è concessa in proporzione al nostro desiderio. Nulla ci viene dato gratuitamente. Purtroppo, per molti massoni (o, meglio, per molti iscritti alla massoneria), la Massoneria non diffonde alcuna Luce. Il motivo è molto semplice: la Luce non fa parte dei loro desideri. Non vale la pena, pertanto, comprenderla ed accoglierla. Il senso della Iniziazione non è da loro ricercato e compreso. La maggior parte di loro si limita ad un superficiale approccio ai simboli, senza comprenderli in pieno e, quindi, senza tradurli in una realtà modificante la propria conoscenza. La Massoneria, per loro, è, soltanto, una associazione che ha finalità sociali e filantropiche(!).

[50] In Massoneria la "Luce" ha un significato diverso dalla luce fisica, materiale a cui siamo abituati normalmente. La luce fisica illumina il mondo esteriore circostante, ci orienta nella vita quotidiana a non andare a sbattere contro gli ostacoli fisici che potremmo incontrare dinanzi al nostro cammino.
La vera "Luce", invece, è di ordine spirituale, è quella che deve guidare la nostra coscienza ed il nostro cuore. Il cammino dell'Iniziato è un viaggio nella propria interiorità, è un percorso finalizzato alla conoscenza di sé, che ci permette di

proprio sul bordo di una fossa, nella quale voi siete appena ora allegoricamente disceso e che, quando questa vita transitoria sarà passata, vi accoglierà nuovamente nel suo freddo grembo. Che gli emblemi della mortalità che giacciono dinanzi a voi, vi portino a meditare sul vostro inevitabile destino, e guidino le vostre riflessioni sul più interessante di tutti gli studi umani, la conoscenza di voi stesso. Fate attenzione di svolgere il vostro compito assegnato mentre è ancora giorno. Continuate ad ascoltare la voce della Natura, che testimonia che, anche in questo corpo effimero, risiede un principio vitale ed immortale[51], che ispira una

accedere alla conoscenza dell'Universo. "Conosci te stesso e conoscerai l'universo e gli dèi", è scritto sul frontone del Tempio di Apollo a Delfi. Questa frase riassume l'insegnamento di Socrate, che esorta a trovare la Verità dentro di sé, anziché nel mondo delle apparenze. Conosciamo noi stessi e conosceremo il mondo. Cambiamo noi stessi e cambieremo il mondo. "Tu ti credi un nulla ed è in te che risiede il mondo intero", è il messaggio di Avicenna, medico e filosofo persiano (980-1037).

[51] Ricordiamoci che "il Principio Vitale ed Immortale" non si trova fuori di noi, ma è dentro di noi. Come il figliol prodigo della parabola evangelica, noi ci siamo allontanati da Lui e siamo andati in un paese lontano. Dopo aver perso ogni coscienza di Esso, siamo caduti sempre più in basso. Ma, prima o poi, come il figliol prodigo, verrà, anche per noi, il momento di tornare indietro sui nostri passi, verrà, anche per noi, il desiderio di tornare a casa, facendoci guidare dalla Stella Mattutina che porta pace e salvezza. Questo è il

fiducia sacra che il Signore della Vita ci permetterà di calpestare il Re del Terrore sotto i nostri piedi, e di alzare i nostri occhi a quella splendente Stella del Mattino[52], il cui sorgere porta pace e salvezza ai fedeli e agli ubbidienti del genere umano – *fa un passo in avanti, prende entrambe le mani del Cand. e*

momento della nostra vera "conversione" (cioè, cambiare direzione).

[52] La Stella del Mattino, in realtà, non è una stella, ma un pianeta, Venere, che per la sua prossimità con il Sole è visibile, a seconda del periodo dell'anno, o prima del sorgere del Sole, o dopo il suo tramonto. Nel primo caso, Venere è definita la Stella del Mattino (o, Stella Mattutina, o Lucifero, portatrice di Luce); nel secondo caso, è chiamata Stella della Sera (o, Stella Vespertina, o Vespero, dal latino *vesper*, crepuscolo, tramonto).
Esotericamente parlando, la Stella del Mattino è un segno di speranza, l'aspettativa che l'oscurità presto lascerà il posto alla Luce.
La Luce che trasmette, anche nella notte più buia, è quella riflessa del Sole. La Stella del Mattino non abbandona mai l'uomo, gli dà sempre la direzione, gli indica sempre la via da seguire. È l'annuncio dell'alba di una nuova vita, "... fino a quando spunti il giorno e la stella mattutina sorga nei vostri cuori" (LA BIBBIA, *2ª Lettera di Pietro*, 1:19). L'oscurità presto lascerà il posto alla luce. Gesù si riferiva a sé stesso come Stella del Mattino. "... Io sono la radice e la discendenza di Davide, la lucente stella del mattino" (LA BIBBIA, *Libro dell'Apocalisse*, 22:16).
Tra i popoli dell'antichità la Stella del Mattino venne associata, oltre che alla divinità latina Venere, già accennata, anche a

gentilmente si gira in senso antiorario fino a che non hanno scambiato i posti. Il Cand. è ora a S, rivolto a N, a circa tre brevi passi dalla linea centrale della Loggia.

MV – Non posso meglio premiare l'attenzione che avete dato a questa esortazione e a questo dovere che confidandovi i segreti del Grado. Avanzerete quindi verso di me come CdA, ma prima come AA – *si assicura che il Cand. formi il Passo, dia il Segno di AA e lo completi, che formi un altro Passo, dia il Segno di CdA e lo completi.* Formerete ora un altro breve passo verso di me con il vostro piede sinistro, portando il tallone destro nel suo incavo come prima. Questo è il terzo passo regolare nella Libera Muratoria, ed è in questa posizione che i segreti del Grado vengono comunicati. Essi consistono in Segni, un Toccamento e una Parola.

Dei Segni, il primo e il secondo sono casuali, il terzo penale. Il primo Segno casuale è chiamato il Segno di Orrore, e viene dato partendo da quello di CdA – Mettetevi all'ordine come un CdA – *si assicura dia il*

quella greca Afrodite e alla divinità fenicia e cananea di Astarte, a quella babilonese Istar (o Ishtar). Nella Chiesa cattolica con questo appellativo, oltre al Cristo, viene invocata anche la Madonna (cfr. le Litanie Lauretane).
In Massoneria la Stella del Mattino la ritroviamo come Stella Fiammeggiante.

Segno di CdA, e lo mantenga, quindi lui stesso forma il Passo e dà Segno di CdA – lasciando cadere la mano sinistra – *illustra come le parole richiedono e si assicura che il Cand. imiti* – in questa posizione, alzando la destra con il capo inclinato sopra la spalla destra come se colpito da orrore per una visione orrenda e terrificante – *illustra come le parole richiedono e si assicura che il Cand. imiti.*

Il secondo Segno casuale è chiamato il Segno di Compassione e viene dato chinando il capo in avanti e percuotendo la fronte delicatamente con la mano destra – *illustra come le parole richiedono e si assicura che il Cand. imiti.*

Mettete ora la vostra mano in questa posizione con il pollice esteso a forma di squadra – *illustra e si assicura che il Cand. imiti* – Il Segno di Pena viene dato tirando rapidamente la mano trasversalmente al corpo, lasciandola cadere lungo il fianco e recuperandola con il pollice all'altezza dell'ombelico – *illustra come le parole richiedono e si assicura che il Cand. imiti (alla fine lascia cadere la mano).*

Questo allude alla pena simbolica[53] una volta inclusa nell'Impegno di questo grado, che implicava che, come uomo d'onore, un MM avrebbe piuttosto preferito essere tagliato in due – *illustra con il recupero e si assicura che il Cand. imiti (alla fine lascia cadere la mano)* – piuttosto che rivelare impropriamente i segreti a lui confidati. La pena completa era quella di essere tagliato in due, le viscere bruciate in ceneri e queste ceneri disperse sopra la faccia della terra e sparse ai quattro venti del cielo, affinché nessuna traccia o ricordo di un così vile miserabile potesse più essere trovata tra gli uomini, specialmente tra MM.

[53] "Il simbolismo dei rituali massonici non risponde ad una libera interpretazione, ma segue regole molto precise. Se ognuno crede di poter vedere ciò che vuole nei simboli del mestiere, oggigiorno, in particolare una morale per il quieto vivere in società, ciò è purtroppo dovuto alla mancanza di istruzione nella scienza massonica e di conoscenza degli insegnamenti contenuti nella Bibbia. Allorché siano decontestualizzati, infatti, i simboli perdono tutto il loro significato" (David TAILLADES, *HiRaM, Il Mistero della Maestria e le origini della Libera Muratoria,* Torino, Associazione Culturale Harmonia Mundi, 2018, p. 172).
I Rituali indicano sempre un solo obiettivo da conseguire, come anche il cammino per giungervi. Il pensiero analogico, attraverso l'intermediazione dei simboli, genera costantemente un legame tra due mondi, l'apparente e il nascosto. Noi dobbiamo indirizzarci verso il secondo.

La Stretta o Toccamento è il primo dei cinque punti della fratellanza. Essi sono – *illustra ciascun punto con il Cand. come le parole richiedono e si assicura della corretta collaborazione del Cand.–* mano nella mano, piede contro piede, ginocchio contro ginocchio, petto contro petto, e mano sopra la spalla – *sciogle l'abbraccio, mettendo i piedi all'ordine (il Cand. imita)* – e possono essere così brevemente spiegati.

MV *durante la spiegazione illustra nuovamente ogni punto con il Cand. come le parole richiedono e si assicura della corretta collaborazione del Cand.* – Mano nella mano, vi saluto come un Fratello; piede contro piede, vi sosterrò in tutte le vostre iniziative lodevoli; ginocchio contro ginocchio, la postura delle mie preghiere quotidiane mi ricorderà le vostre necessità; petto contro petto, i vostri legittimi segreti, quando mi verranno così confidati, io li custodirò come i miei personali; e mano sopra la spalla, io difenderò la vostra reputazione in vostra assenza così come in vostra presenza. E' in questa posizione, e solamente in questa, e, inoltre, unicamente in un bisbiglio, salvo che in Loggia aperta, che viene data la parola: essa è MO.B.N oppure MA.B.N.C[54] – *pronuncia le*

---

[54] Molto probabilmente le parole Moabon e Macbenac, graficamente diversi, sono, in fondo, una sola parola, perché il loro significato è molto simile. Moabon deriverebbe da una

parole ad alta voce mentre trattiene ancora con il Cand. l'ultimo dei cinque punti della fratellanza, si assicura che il Cand. ripeta le parole ad alta voce, quindi scioglie l'abbraccio rimanendo di fronte al Cand.

MV – Siete ora libero di ritirarvi al fine di rimettervi a vostro agio, e al

corruzione fonetica di Macbenac. La prima significherebbe "morte del costruttore", la seconda "il costruttore è caduto" (o come afferma Jean-Marie Ragon, "figlio della morte"). Secondo Jacques-Etienne Marconis la parola di Maestro simboleggia la rigenerazione, in quanto essa letteralmente significa "prodotto della putrefazione". Samuel Prichard traduce Macbenac come "il costruttore è percosso". Come si può notare, le interpretazioni sono tante, anche se, in verità, non sono contraddittorie. Molti illustri Autori, nel recente passato, hanno tentato di dare il loro contributo alla risoluzione del significato della Parola sacra, ma hanno ottenuto solo una maggiore confusione ed un intorbidamento delle idee.

Secondo noi, l'attuale Parola sacra risponde bene al significato della Cerimonia. Si tratta della morte di Hiram, del costruttore del Tempio, del suo *artifex* (impersonato dall'iniziato), il cui cadavere giace per terra e che viene rialzato mediante i Cinque punti della Fratellanza. La resurrezione di Hiram, da un punto di vista cerimoniale, è ben raffigurata, nel modo in cui lo stesso viene risollevato. L'iniziazione al 3° grado consiste, infatti, nella morte e resurrezione dell'iniziando. L'iniziato al 1° grado si dice che è *entered Apprentice,* Apprendista ammesso, l'iniziato al 3° grado si dice che è *raised to Master* o *raised a Master*, cioè, Maestro innalzato.

vostro ritorno in Loggia i Segni, il Toccamento e la Parola vi verranno ulteriormente spiegati – *torna al proprio posto dal lato N e si siede.*

1°D *raggiunge il Cand. e con la mano sinistra prende la mano destra del Cand. e lo conduce direttamente (per il lato N della loggia, evitando la fossa) a N del piedistallo del 1°S. Qui fa girare il Cand. in senso orario in modo da essere rivolto a E, si ferma e lascia la mano.*

1°D *ad alta voce al Cand.* – Salutate il MV nei tre Gradi – *sussurra al Cand. "solo il Segno di Pena nel Terzo" e si assicura che il Cand. dia i tre Segni in ordine con i Passi corretti.*

1°D *prende il Cand. per la mano destra, gli fa fare un giro in senso anti-orario e lo conduce alla porta.*

GI *va alla porta davanti al 1°D e la apre, chiudendola a chiave nuovamente, dopo che il Cand. è uscito.*

Le luci sono ora riaccese.

1°D *e* **GI** *tornano al proprio posto.*

D.ni *rimuovono il telo.*

Fuori della Loggia, il Cand. si rimette i suoi normali vestiti indossando l'insegna da CdA. Quando il Cand. è pronto, il **CE** *dà i colpi da MM alla porta della Loggia.*

GI *si alza davanti al proprio posto, Passo e Segno di Pena di MM* – Fr. 2°S, c'è una comunicazione.

2°S *da seduto,*

GI *completa il Segno e recupera, va alla porta, la apre e guarda fuori senza parlare.*

C – Il Cand. al suo ritorno.

GI *non risponde, chiude a chiave la porta, torna in posizione davanti al proprio posto, Passo e Segno di Pena, che trattiene* – MV, il Cand. al suo ritorno.

MV – Ammettetelo.

GI *completa il Segno che recupera, attende l'arrivo del 1°D, quindi va alla porta.*

1°D *segue la GI alla porta.*

GI *apre la porta e fa entrare il Cand.*

1°D *riceve il Cand. e lo conduce per la mano destra, al lato N del piedistallo del 1°S, entrambi rivolti a E.*

GI *quando il 1°D ha ricevuto il Cand., chiude a chiave la porta e riprende il suo posto.*

1°D *ad alta voce al Cand.* – Salutate il MV nei Tre Gradi – *gli sussurra "Segni completi" e si assicura che il Cand. formi il Passo e mostri e completi il Segno di AA; che formi un* *secondo Passo e mostri il Segno di CdA, senza completarlo; che formi un terzo Passo mentre mantiene il Segno di CdA e dia il Segno di Orrore, il Segno di Compassione e il Segno di Pena, comprendendo il recupero.*

1°D *prende il Cand. per la mano destra e lo fa indietreggiare a N del 1°S.*

1°S *si alza.*

1°D *mette la mano destra del Cand. nella mano sinistra del 1°S e si allinea alla sinistra del Cand. assicurandosi che siano rivolti entrambi a E.*

1°S *con la mano sinistra alza la mano destra del Cand., Passo e Segno di Pena di MM* – MV, vi presento il Fratello ……. al suo innalzamento al Terzo Grado, per un ulteriore segno della vostra approvazione.

MV – Fratello 1°S, vi delego ad investirlo con l'insegna distintiva di un MM[55].

---

[55] Il Maestro Venerabile delega sempre, in tutti e tre i gradi, il 1° Sorvegliante ad investire il Candidato con il rispettivo Grembiule. Ciò avviene perché il 1° Sorvegliante rappresenta l'anima, l'aspetto astrale (mentre il 2° Sorvegliante simboleggia il corpo, l'aspetto materiale, ed il M.V. lo spirito, il principio sovrannaturale). Il corpo astrale connette la parte immortale dell'uomo con quella materiale. Si dice che l'anima fabbrica il proprio corpo o "grembiule" dai suoi desideri e pensieri. "Allora si aprirono gli occhi ad entrambi e si

1°S *completa il Segno che recupera, lascia la mano del Cand., e con il Cand. di fronte a lui, toglie l'insegna di CdA e gli mette quella di MM.*

1°D *assiste se necessario.*

1°S *solleva l'angolo inferiore destro del grembiule con la sua mano sinistra, rivolto al Cand.* – Fr……., per ordine del MV vi investo con l'insegna distintiva di un MM, per indicare gli ulteriori progressi che avete compiuto nella scienza[56] –

accorsero di essere nudi; così, intrecciarono foglie di fico e fecero delle cinture per coprirsi" (LA BIBBIA, *Libro della Genesi*, III:7).
Il Grembiule è l'emblema dell'anima, immortale, anima che avvolge il corpo fisico, mortale. L'anima e il corpo sono uniti tra loro da un "cordone d'argento", che si spezza al momento della morte del corpo. L'anima, invece, continua a vivere dopo la morte del corpo. (Cfr. Gabriele MARIOTTI – Giacinto MARIOTTI, *Rituale Emulation 2° grado – Traduzione e Commento*, Torrazza Piemonte (TO), Amazon Italia Logistica srl, 2022, nt. 18, p. 24).

[56] L'ulteriore progresso compiuto dal Candidato nel Terzo Grado, si evince dai fregi presenti nel grembiule. Essi sono rappresentati dai maggiori ornamenti celeste/blu (che simboleggiano l'ulteriore progresso), dalle nappe d'argento (metallo incolore, sempre associato all'anima) e dal serpente d'argento utilizzato per fissare le stringhe del grembiule (il serpente è l'emblema della saggezza Divina, che salda insieme la veste appena realizzata dell'anima).

con la sua mano sinistra rimette la mano destra del Cand. nella mano sinistra del 1°D e si siede.

1°D *prende la mano destra del Cand. dal 1°S, si posiziona alla destra del Cand., entrambi rivolti a E, e lascia la mano.*

MV − Devo dichiarare che l'insegna con la quale siete stato ora investito, non solo indica il vostro rango di MM, ma ha anche lo scopo di ricordarvi quei grandi doveri che solennemente vi siete appena impegnato di osservare; e così, mentre indica il vostro grado superiore, essa vi insegna a offrire assistenza e istruzione ai fratelli nei gradi inferiori.

1°D *prende la mano destra del Cand. e lo conduce direttamente (senza "squadrare") di fronte al piedistallo del MV a circa un passo da esso. Lascia la mano.*

STORIA TRADIZIONALE

MV - Ci siamo fermati a quella parte della nostra leggenda tradizionale che ricorda la morte del nostro Maestro Hiram Abib. Una perdita così importante come quella dell'architetto capo, non poteva mancare di essere avvertita gravemente da tutti. La mancanza di quei piani e disegni che, fino ad allora, erano stati regolarmente forniti alle diverse classi di operai, fu il primo indizio che qualche grave sciagura era capitata al nostro Maestro[57]. I Menatschin, o Prefetti o, più semplicemente parlando, i Supervisori, delegarono alcuni tra i più eminenti tra di loro di mettere al corrente Re Salomone circa la totale confusione nella quale l'assenza di Hiram li aveva fatti precipitare, e per esprimere il loro timore che la sua improvvisa e misteriosa scomparsa doveva essere attribuita a qualche fatale catastrofe. Immediatamente, Re Salomone ordinò una adunata generale degli operai per tutti i diversi reparti, quando tre della stessa classe dei supervisori non si trovarono. Lo stesso giorno, i dodici CdA, che avevano inizialmente partecipato alla congiura, si presentarono al cospetto del Re e fecero una spontanea confessione di tutto quello che sapevano fino al momento del loro ritiro dal numero dei cospiratori. Ciò, naturalmente, accrebbe i timori di Re Salomone circa la salvezza del suo capo artista.

[57] "In molte religioni antiche si possono rinvenire leggende nelle quali il protagonista viene sacrificato nel compimento del suo dovere e, in seguito, miracolosamente resuscitato. È molto probabile che la storia di Hiram sia connessa con questi miti, ma non sappiamo, né forse sapremo mai, come essa sia entrata a far parte della Massoneria inglese, se cioè sia un antico residuo folkloristico sopravvissuto all'interno della fratellanza muratoria o se, invece, l'abbiano introdotta nel XVII secolo dei Rosacrociani memori della leggenda della tomba" (Bernard E. JONES, *Guida e Compendio per i Liberi Muratori*, Roma, Editrice Atanòr s.r.l., 1987, p. 302).

Scelse, perciò, quindici fidati CdA e ordinò loro di fare una diligente ricerca della persona del nostro Maestro, per accertare se fosse ancora vivo o se avesse affrontato la morte, nel tentativo di estorcergli i segreti del suo elevato Grado.

Perciò, essendo stato fissato un giorno stabilito per il loro ritorno a Gerusalemme, essi si costituirono in tre Logge di CdA. e partirono dalle tre entrate del Tempio. Molti giorni furono spesi in infruttuose ricerche; infatti, un gruppo ritornò senza aver fatto alcuna scoperta importante. Un secondo, tuttavia, fu più fortunato, poiché la sera di un certo giorno, dopo aver sofferto le più grandi privazioni e fatiche personali, uno dei fratelli, che si era riposato in una posizione distesa, per aiutarsi ad alzare, afferrò un arbusto che cresceva vicino, che, con sua sorpresa, venne fuori facilmente dal terreno. Ad un esame più approfondito, egli rivelò che il terreno era stato rimosso di recente. Chiamò allora i suoi compagni e, con i loro sforzi congiunti, rimossero la terra e là trovarono il corpo del nostro Maestro, sepolto indecentemente. Essi lo ricoprirono nuovamente con rispetto e venerazione, e, per individuare il posto, piantarono un ramoscello di acacia[58] alla testa della tomba.

---

[58] "La vera 'acacia' [...] è il tamarisco spinoso, lo stesso albero che crebbe attorno al corpo di Osiride. Esso era sacro presso gli Arabi, che con il legno del tamarisco costruirono l'idolo di

Si affrettarono allora a tornare a Gerusalemme, per comunicare la triste notizia a Re Salomone. Questi, non appena le emozioni del suo dolore si attenuarono, ordinò loro di tornare e di innalzare al nostro Maestro una sepoltura degna, tanto quanto erano divenuti elevati il suo rango e i suoi eccelsi talenti, informandoli al tempo stesso che, a causa della sua prematura morte, i segreti di un MM erano andati perduti[59]. Perciò li incaricò di essere

Al-Uzza, poi distrutto da Maometto. È un arbusto che cresce nel deserto di Thur; con esso fu fatta la 'corona di spine' che venne posta sulla fronte di Gesù di Nazareth. Si tratta di un simbolo di immortalità; è risaputo che questa pianta è estremamente vitale e, quando viene piantata come stipite di una porta, ramifica le sue radici e produce nuovi germogli sopra la soglia" (Albert PIKE, *Morals and Dogma – I primi tre gradi massonici,* Foggia, Bastogi di A. Manuali, 1983, p. 194).

L'acacia massonica è l'equivalente del "mirto" delle iniziazioni eleusine, del "vischio" dei Druidi, del "ramo d'oro" di Virgilio, del "biancospino" dei Cristiani.

[59] Un filo conduttore unisce tutte le Tradizioni dell'umanità, attraverso miti e leggende, in forma velata o esplicita, ma tutte riconducibili al senso di "perdita" di una Parola che potrebbe stravolgere l'ineluttabilità della finitezza della vita, ridando a noi, miseri mortali, le chiavi di un potere che potrebbe conferirci la Conoscenza, l'Immortalità. La Parola è andata perduta, si è smarrita e, con essa, anche la chiave di lettura del significato della vita e del suo rinascere. Nonostante la "perdita" della Parola, l'uomo, anche se degradato, può riprendere coscienza della sua natura

particolarmente attenti nell'osservare qualsiasi segno, toccamento o parola casuali che potessero verificarsi, mentre si rendeva questo ultimo triste tributo in ossequio al valore venuto meno.

Essi svolsero il loro compito con la massima accuratezza e, nel riaprire la terra, uno dei fratelli, guardandosi attorno – *si alza, senza il Passo* – notò alcuni dei suoi compagni in questa posizione – *dà il Segno di Orrore;* **1°D** *si assicura che il Cand. imiti* – colpiti con orrore per la visione orribile e terrificante – *lascia cadere il Segno* – mentre altri, vedendo l'orrenda ferita ancora visibile sulla sua fronte, percossero la propria – *dà il Segno di Compassione, il* **1°D** *si accerta che il Cand. imiti* – per compassione verso le sue sofferenze – *lascia cadere il Segno e si siede* – Due dei fratelli scesero allora nella fossa e tentarono di sollevarlo con la Stretta di AA, che si rivelò sfuggente. Essi provarono allora la Stretta di CdA,

profonda originaria, che è quella divina. L'uomo, nonostante il suo stato di privazione, va alla ricerca della Parola, del Verbo, perché ha bisogno di una risposta alla sua sete di Verità, di Assoluto. D'altra parte, come non ricordare le parole del Cristo, "il Regno di Dio è dentro di noi"? Così come le parole di Pitagora, "conosci te stesso"? Oppure, quanto asseriva Ermete Trismegisto, "non sapete di essere dei"?

Ritrovare la Parola Perduta, vuol dire ritrovare sé stessi e la vera natura di uomo-dio, ossia prendere coscienza che Dio e l'Uomo sono la medesima cosa.

che si rivelò anch'essa sfuggente. Avendo entrambi fallito nei loro tentativi, un fratello zelante ed esperto prese, con una più sicura presa i tendini della mano, e con la loro assistenza, lo sollevò sui cinque punti della fratellanza, mentre gli altri, più animati, esclamarono MO.B.N o MA.B.N.C, avendo entrambe le parole un significato quasi simile. Una che significa la morte del costruttore, l'altra, il costruttore è caduto. Re Salomone ordinò allora che quei Segni casuali e che quel Toccamento e quella Parola avrebbero designato tutti i MM, in tutto l'Universo, fino a quando il tempo o le circostanze non avessero restituito quelli autentici[60].

[60] Nel Rituale non è indicata esplicitamente cosa sia la ricerca degli autentici segreti del Maestro, né la ricerca di una Parola perduta.
Di questa nebulosità ne parla Renè Guenon:
"Se passiamo, poi, a esaminare la "parola perduta" e la sua ricerca nella Massoneria, dobbiamo constatare che, perlomeno nello stato attuale delle cose, questo argomento è circondato da molta oscurità. Questa oscurità non abbiamo certo la pretesa di dissiparla completamente, ma le osservazioni che faremo saranno, forse, sufficienti a eliminare, almeno, quel che rischierebbe d'essere preso a prima vista per qualcosa di contradditorio. A questo riguardo, dobbiamo, in primo luogo, notare che il grado di Maestro, così com'è praticato nella *Craft-Masonry*, insiste sulla "perdita della parola", la quale viene presentata come una conseguenza della morte di Hiram, ma non sembra contenere alcuna espressa indicazione circa la sua ricerca; né tanto meno si parla in esso di una "parola ritrovata". Ciò può veramente

Resta solo rendere conto del terzo gruppo, che aveva proseguito le sue ricerche in direzione di Joppa e stava meditando di ritornare a Gerusalemme, quando, passando casualmente davanti all'apertura di una grotta, udirono suoni di profondo lamento e rammarico.

sembrare strano, giacché, siccome la Maestria è l'ultimo dei gradi della Massoneria propriamente detta, essa dovrebbe necessariamente corrispondere, almeno virtualmente, alla perfezione dei "piccoli misteri", senza di che la sua stessa denominazione sarebbe ingiustificata. Si può, è vero, rispondere che l'iniziazione a questo Grado, in sé stessa, è propriamente soltanto un punto di partenza, ciò che, tutto sommato, è perfettamente normale; ci si aspetterebbe, tuttavia, che ci fosse in questa iniziazione qualcosa che permetta di "dar l'avvio", se così si può dire, alla ricerca di base per il lavoro ulteriore, che dovrà condurre alla realizzazione effettiva della Maestria; per quel che ci riguarda, noi pensiamo che, malgrado le apparenze, le cose stiano effettivamente così. In effetti la "parola sacra" del Grado è manifestamente una "parola sostituita", e del resto come tale è data; inoltre, tale "parola sostituita" è di un genere molto particolare: è stata deformata in modi assai diversi, al punto da diventare irriconoscibile, e di essa si danno svariate interpretazioni, le quali accessoriamente presentano un certo interesse per le loro allusioni a elementi simbolici del Grado, ma non si possono giustificare con una qualunque etimologia ebraica.
[...] in realtà, la parola in questione non è altro che una domanda, la cui risposta sarebbe la vera "parola sacra" o la "parola perduta" stessa, vale a dire l'autentico nome del Grande Architetto dell'Universo. Così, allorché sia ben posta la

Entrando nella grotta per accertarne la causa, trovarono tre uomini rispondenti alle descrizioni di quei dispersi, che, accusati dell'assassinio e trovando tagliate fuori tutte le possibilità di fuga, fecero completa confessione della loro colpa. Essi vennero quindi legati e condotti a Gerusalemme, dove Re Salomone li condannò a quella morte che si meritava la nefandezza del loro crimine.

IEM *porge al MV la Tavola da Tracciamento e la matita.*

MV *indica con la matita i vari elementi presenti sulla Tavola da Tracciamento come le parole richiedono* – Venne ordinato che il nostro Maestro fosse di nuovo sepolto quanto più vicino al Sanctum

domanda, può considerarsi ben "avviata" la ricerca; spetterà, quindi, a ciascuno, se ne è capace, trovare la risposta e arrivare alla Maestria effettiva attraverso il proprio lavoro interiore". (Renè GUENON, *Parole perdue et mots substitués,* in "Études Traditionelles", n. 269, luglio-agosto 1948, riportata da David TAILLADES, *Il rito Emulation. Un'autentica via di realizzazione spirituale,* Torino, Associazione Culturale Harmonia Mundi, 2016, pp. 89-90).

Sanctorum[61] la legge Israelitica avrebbe consentito – là, in una tomba distante dal centro tre piedi a E e tre piedi a O, tre piedi tra N e S, e a cinque piedi o più in perpendicolare. Non fu sepolto nel Sanctum Sanctorum, poiché non era permesso che alcunché di comune o di impuro vi entrasse, nemmeno il Sommo Sacerdote, tranne una volta all'anno, e neppure se non fino a dopo molte abluzioni e purificazioni, in previsione del grande giorno dell'espiazione dei peccati, in quanto, per la legge Israelitica, tutta la carne era ritenuta impura. Agli stessi quindici CdA fidati fu ordinato di presenziare ai funerali, rivestiti di grembiuli e guanti bianchi, quali emblemi della loro innocenza.

---

[61] Letteralmente significa "Santo dei Santi" ed è il luogo più sacro dell'Ebraismo. È la parte più interna e sacra del Tabernacolo prima, e del Tempio di Gerusalemme poi, dove è collocata l'Arca dell'Alleanza (cfr. LA BIBBIA, *Libro dell'Esodo, 26:33-34*). Hiram viene interrato in un luogo quanto più vicino al *Sanctum Sanctorum,* in quanto in esso non può entrare nessuno, all'infuori del Sommo Sacerdote, una volta l'anno, nel giorno dello *Yom Kippur,* ricorrenza religiosa che celebra il giorno dell'espiazione, durante la quale, tra l'altro, il Sommo Sacerdote invoca il vero nome di Dio יהוה , il tetragramma biblico *Yhwh.*
Il "Santo dei Santi" viene indicato anche al plurale come *Sancta Sanctorum*; il plurale fa riferimento non al luogo, ma ai numerosi oggetti di culto in esso contenuti.

Siete già stato informato che gli Attrezzi da Lavoro con cui il nostro Maestro venne ucciso erano il Filo a Piombo, la Livella e il Maglio Pesante. Gli ornamenti di una Loggia di un MM sono il Portico, l'Abbaino e il Pavimento a Scacchi. Il Portico era l'entrata al Sanctum Sanctorum, l'Abbaino l'apertura che dava luce allo stesso, e il Pavimento a Scacchi, affinché il Sommo Sacerdote vi camminasse sopra. Compito del Sommo Sacerdote era di bruciare l'incenso[62] ad onore e gloria dell'Altissimo e pregare con fervore affinché l'Onnipotente, nella sua

---

[62] Per incenso (dal lat. *in-cendere*, accendere, bruciare) si intendono delle oleoresine secrete da piante arbustive, che crescono nella penisola arabica ed in Africa orientale. Se combuste, emanano un forte e penetrante profumo. Molte religioni utilizzano l'incenso per glorificare simbolicamente la divinità. Ricordiamo che l'incenso era uno dei doni portati dai Re Magi in dono al piccolo Gesù, unitamente all'oro e alla mirra. Similmente all'incenso la mirra è una gommaresina aromatica, che viene secreta anch'essa da piante arbustive. L'alzarsi della bianca nuvola dell'incenso combusto è il simbolo della preghiera che si innalza fino a Dio. "La mia preghiera stia davanti a te come incenso, le mie mani alzate come sacrificio della sera" (LA BIBBIA, *Libro dei Salmi, 141:2*). "Poi venne un altro angelo e si fermò presso l'altare reggendo un incensiere d'oro. Gli furono dati molti profumi, perché li offrisse, insieme alle preghiere di tutti i santi, sull'altare d'oro, posto davanti al trono. E dalla mano dell'angelo il fumo degli aromi salì davanti a Dio, insieme alle preghiere dei santi" (LA BIBBIA, *Libro dell'Apocalisse, 8:3-4*).

infinita saggezza e bontà, si compiacesse di concedere pace e tranquillità sulla nazione di Israele durante tutto l'anno successivo.
La bara, il teschio e le ossa incrociate, essendo emblemi dell'essere mortale, alludono alla prematura scomparsa del nostro Maestro Hiram Abib. Egli venne ucciso tremila anni dopo la creazione del mondo[63] – *restituisce la Tavola da Tracciamento e la matita all'IEM*.

MV – Nel corso della cerimonia, siete stato informato su tre Segni in questo Grado. In tutto, però, sono cinque, corrispondenti in numero ai cinque punti della fratellanza. Essi sono il Segno di Orrore, il Segno di Compassione, il Segno di Pena, il Segno di Angoscia e Dolore ed il

---

[63] "La leggenda di Hiram è stata classificata tra quei misteri in cui un dio, un essere superiore o un uomo straordinario viene fatto morire per poter, in seguito, assurgere ad un'esistenza più gloriosa …
Il mito originario era connesso a quei rituali primitivi tanto diffusi che si ispirano al processo naturale della morte e resurrezione …
La morale sulla fedeltà è chiara, ma, oltre a questa, l'esumazione del corpo, a scopo di identificazione e al fine di dargli una seconda e più decorosa sepoltura, è un evidente tentativo di insegnare un'ulteriore morale sull'immortalità e di suggerire quel che l'occhio della fede vedrà quando *questa vita mortale si sarà consumata*". (Bernard E. JONES, *Guida e Compendio per i Liberi Muratori*, Roma, Editrice Atanòr s.r.l., 1987, p. 317).

Segno di Gioia e Esultanza, chiamato anche Segno Grande o Reale. Per regolarità, io li eseguirò e voi mi imiterete – *si alza con il Passo.*

1°D *sottovoce istruisce il Cand. a formare il Passo e imitare i Segni. Si assicura che il Cand. imiti correttamente i Segni nei momenti opportuni e che le parole non siano ripetute.*

MV *mostra i Segni mentre ripete parole appropriate* – Questo è il Segno di Orrore; questo è il Segno di Compassione; questo è il Segno di Pena. Il Segno di Angoscia e Dolore si dà passando la mano destra trasversalmente alla fronte e dirigendola sopra il sopracciglio sinistro a forma di squadra. Questo prese origine al momento in cui il nostro Maestro si faceva strada dall'entrata N a quella E del Tempio, quando la sua sofferenza era così grande che il sudore si depositava con grandi gocce sulla sua fronte, e egli fece uso di tale Segno – *lo mostra, il Cand. imita* – come temporaneo sollievo alle proprie sofferenze. Questo è il Segno di Gioia e Esultanza – *lo mostra, il Cand. imita* – Esso prese origine al momento in cui il Tempio fu terminato, e Re Salomone, con i pròncipi della sua famiglia, venne ad esaminarlo; essi furono così colpiti dalla sua magnificenza che, con un moto simultaneo, esclamarono – *lo mostra, il Cand. imita* – "Oh, Meravigliosi Muratori!"

Nel Continente Europeo, il Segno di Angoscia e Dolore viene dato in modo differente, intrecciando le mani e sollevandole con il loro dorso alla fronte – *lo mostra, il Cand. imita* – e esclamando "Venite – *completa il Segno, il Cand. imita* – in mio soccorso o figli della vedova", nella supposizione che tutti i MM siano figli di Hiram Abib, che era un figlio di una vedova. In Scozia, Irlanda e negli Stati d'America il Segno di Angoscia e Dolore è dato in maniera ancora diversa, alzando le mani con i palmi estesi e lasciandoli ricadere con tre distinti movimenti lungo i fianchi – *lo mostra, il Cand. imita* – esclamando, "O Signore mio Dio, O Signore mio Dio, O Signore mio Dio, non c'è aiuto per il figlio di una vedova?"

MV *si siede.*

IEM *dispone con prontezza gli Attrezzi da Lavoro sul piedistallo del MV, se non lo ha già fatto precedentemente.*

MV – Vi presento adesso gli Attrezzi da Lavoro di un MM. Essi sono il Sisaro, la Matita e il Compasso[64]. Il

---

[64] Essendo il Sisaro uno strumento che serve a tracciare lo scavo dove verranno poste le fondamenta dell'edificio (che è il primo atto della costruzione vera e propria), mentre la Matita, prima, ed il Compasso, poi, sono, invece gli strumenti della progettazione, sarebbe stato più appropriato rispettare la tempistica, disponendo in elenco il Sisaro dopo la Matita ed il

Sisaro è uno strumento che ruota su di un perno centrale, da dove viene tesa una cordicella per indicare sul terreno le fondamenta della costruzione prevista. Con la Matita, l'esperto artista delinea, in un abbozzo o in un piano, la costruzione, per l'istruzione e la guida degli operai. Il Compasso lo rende capace con accuratezza e precisione di accertare e determinare i limiti e le proporzioni delle sue diverse parti. Ma poiché non siamo tutti Muratori operativi, ma piuttosto liberi e accettati, o speculativi, noi applichiamo tali Attrezzi da Lavoro alla nostra morale.

In tale senso il Sisaro ci indica la retta e costante linea di condotta che dobbiamo seguire e che è per noi tracciata nel Volume della Legge Sacra. La Matita ci insegna che le nostre parole ed azioni vengono osservate e annotate dall'Onnipotente Architetto, Cui dobbiamo rendere conto della nostra condotta per tutta la durata della vita. Il Compasso ci ricorda la Sua infallibile ed imparziale giustizia. Avendo Egli definito per la nostra istruzione i limiti del bene e del male, ci premierà o punirà a seconda che abbiamo ubbidito oppure trasgredito ai Suoi Divini Comandi. Così gli Attrezzi da Lavoro di un MM ci insegnano a tenere a mente le Leggi del nostro Divino Creatore e ad agire in base ad esse, affinché,

Compasso.

quando verremo richiamati da questa dimora sublunare[65], ci sia possibile ascendere alla Grande Loggia superiore, dove il Grande Architetto del mondo vive e regna in eterno.

1°D *conduce il Cand. ad un posto nella Loggia.*

[65] Il concetto di dimora o mondo sublunare lo ritroviamo già dai tempi di Platone e Aristotele. Come si evince dal termine, è la regione del cosmo situata al di sotto del cielo della Luna ed è costituito dagli elementi terra, acqua, aria, e fuoco.
Il mondo sublunare è il mondo terrestre, il regno della natura, soggetto al divenire e alla corruzione, contrapposto al mondo celeste che è al di sopra ed è regolato da leggi permanenti e immutabili.
Dopo aver terminato il compito affidatoci nella transitoria dimora sublunare, saremo definitivamente richiamati a prendere posto nella dimora celeste, dove continueremo a vivere e a regnare in eterno.

CHIUSURA NEL TERZO GRADO

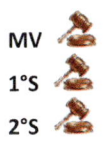

MV 🔨
1°S 🔨
2°S 🔨

MV – Fratelli, assistetemi a chiudere la Loggia nel Terzo Grado.

TUTTI *si alzano.*

MV – Fr. 2°S, qual è il dovere costante di ogni MM?

2°S – Verificare che la Loggia sia strettamente[66] coperta.

MV – Fate compiere quel dovere.

2°S – Fr. GI, verificate che la Loggia sia strettamente coperta.

GI *va alla porta e dà i colpi da MM.*

C *risponde con gli stessi colpi.*

GI *torna davanti al proprio posto.*

GI *Passo e Segno di Pena di MM* – Fr. 2°S, la Loggia è strettamente coperta – *completa il Segno, lo recupera e lascia cadere la mano.*

2°S 🔨🔨 🔨, *Passo e Segno di Pena di MM* – MV, la Loggia è strettamente coperta – *completa il*

---

[66] Cfr. nota n. 7.

Segno, lo recupera e lascia cadere la mano.

MV — Fr. 1°S, qual è il secondo dovere?

1°S — Assicurarsi che i Fratelli si presentino all'ordine come MM.

MV — All'ordine, Fratelli, nel Terzo Grado.

TUTTI *formano il Passo con il Segno di Pena di MM.*

MV — Fr. 2°S, da dove venite?

2°S — Da O, dove siamo stati in cerca dei Segreti genuini di un MM.

MV — Fr. 1°S, li avete trovati?

1°S — No, MV, ma portiamo con noi alcuni Segreti in sostituzione, che siamo ansiosi di comunicare per la vostra approvazione.

MV — Che tali Segreti sostituiti mi vengano regolarmente comunicati.

1°S *mantenendo il Segno di Pena di MM, lascia il piedistallo dal lato N e procede verso E, tenendosi a N della linea centrale della Loggia fino a che raggiunge un punto conveniente, poco oltre il piedistallo del 2°S, dove si gira all'interno per essere rivolto a S e si ferma con il Passo e il Segno.*

2°S *mantenendo il Segno di Pena di MM, al momento opportuno lascia il* *piedistallo dal lato O per procedere verso E allineato con il 1°S, tenendosi a S della linea centrale della Loggia, fino a quando il 1°S si gira all'interno e si ferma con il Passo e il Segno; il 2°S allora si gira all'interno per essere di fronte al 1°S, fermandosi con il Passo e il Segno ad una distanza conveniente da lui.*

2°S *forma un altro Passo, tende la mano destra al 1°S, e prendendogli la sua mano destra comunica la Stretta di Passo che conduce dal Secondo al Terzo Grado, solleva le mani all'altezza della testa e comunica sottovoce la Parola di Passo. Le mani vengono lasciate e il 2°S riassume il Segno.*

1°S *riassume il Segno.*

2°S *forma un altro Passo, dà il Segno di Orrore, il Segno di Compassione e il Segno di Pena, che recupera. Il 2°S allora comunica i Cinque Punti della Fratellanza e sussurra le Parole di un MM; al termine riassume la posizione mantenendo il Passo e il Segno di Pena.*

1°S *segue il 2°S, ricevendo i Cinque Punti della Fratellanza, e dopo la comunicazione delle parole, riassume la posizione mantenendo il Passo e il Segno di Pena.*

2°S *saluta il 1°S con il Segno di Pena che recupera, e, mantenendolo, torna al piedistallo dal lato E, forma il Passo.*

1°S *mantenendo il Segno si gira sulla linea centrale della Loggia verso il MV, e con il Passo* – MV, consentite di ricevere da me i Segreti sostituiti di un MM.

MV – Fr. 1°S, li riceverò con piacere e, per l'informazione dei Fratelli pronuncerete le parole ad alta voce – *lascia il piedistallo dal lato S, ancora mantenendo il Segno, si porta davanti al 1°S con il Passo, ad una distanza conveniente.*

1°S *forma il Passo, tende la mano destra al MV, e prendendo la sua mano destra con la Stretta di Passo, solleva le mani all'altezza della testa e comunica la Parola di Passo ad alta voce. Le mani vengono lasciate e il 1°S riassume il Segno.*

MV *prende la mano destra del 1°S ad un momento opportuno e, al rilascio delle mani, riassume il Segno.*

1°S *forma un altro Passo, dà il Segno di Orrore, il Segno di Compassione e il Segno di Pena che recupera. Quindi, comunica i Cinque Punti della Fratellanza e, ad alta voce, le Parole di un MM, e, al termine, riassume la posizione, mantenendo il Passo e il Segno di Pena.*

MV *segue il 1°S, ricevendo i Cinque Punti della Fratellanza e, dopo la comunicazione delle Parole,* *riassume la posizione, mantenendo il Passo e il Segno di Pena.*

1°S *saluta il MV con il Segno di Pena, che recupera e, mantenendolo, torna al piedistallo dal lato S, con il Passo.*

MV *dopo il saluto, allo stesso tempo, mantenendo il Segno, torna al piedistallo dal lato N, con il Passo.*

MV Fratelli, essendomi stati così regolarmente comunicati i Segreti sostituiti di un MM, io, quale MV di questa Loggia e, quindi, umile rappresentante di Re Salomone, li sancisco e confermo con la mia approvazione, e dichiaro che essi designeranno voi e tutti i MM in ogni parte dell'Universo, finché il tempo o le circostanze non ristabiliranno quelli genuini.

TUTTI *si inchinano leggermente in avanti* – Ci inchiniamo con gratitudine al nostro Maestro Venerabile.

MV – Tutta la gratitudine all'Altissimo.

TUTTI *danno il Segno Grande o Reale, quindi riassumono il Segno di Pena.*

MV – Fr. 1°S, essendo i lavori di questo Grado terminati, avete il mio comando di chiudere la Loggia – 🔨 🔨   🔨 - *(con la mano sinistra)*

1°S – Fratelli, in nome dell'Altissimo e per comando del MV, io chiudo *(TUTTI completano il Segno, che recuperano, e lasciano cadere le mani)* questa Loggia di MM. –

🔨🔨 🔨

2°S – Ed è conseguentemente chiusa – 🔨🔨 🔨

2°D *si occupa della Tavola da Tracciamento, che copre, non appena il 2°S ha dato i colpi.*

GI *va alla porta e dà i colpi da MM.*

C *risponde con gli stessi colpi.*

GI *torna davanti al proprio posto.*

IEM, *nel frattempo, copre una punta del Compasso sotto la Squadra.*

MV *si siede, quando tutto è terminato.*

TUTTI *si siedono.*

Segni e Toccamenti di MM

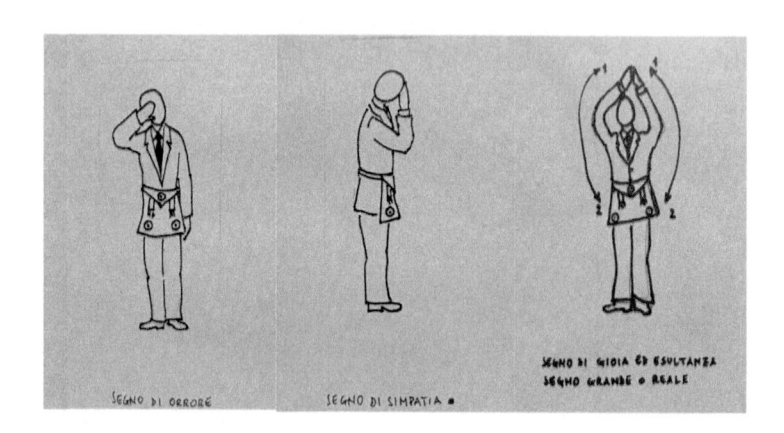

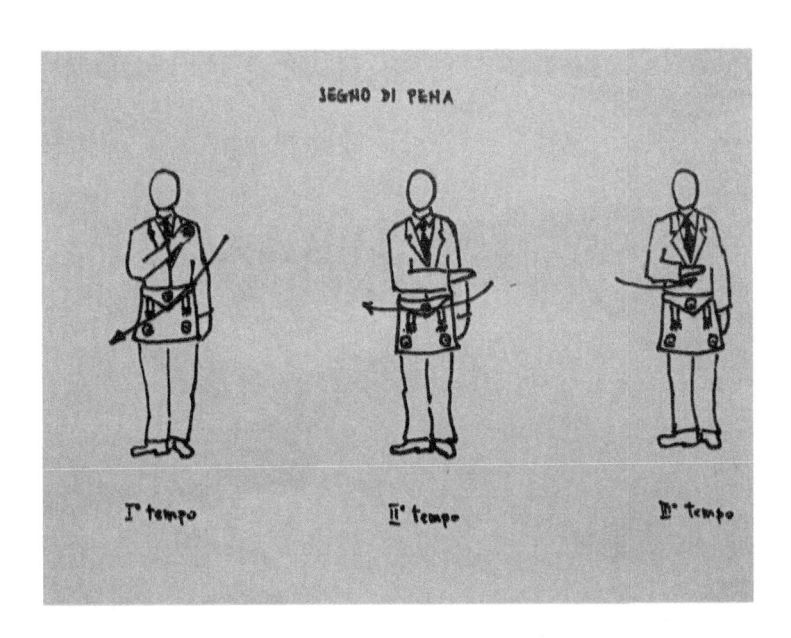

SEGNO DI PENA

I° tempo   II° tempo   III° tempo

INGHILTERRA   SCOZIA, IRLANDA, USA   EUROPA

LA LEGGENDA DI HIRAM[67]

La leggenda di Hiram è stata classificata fra quei misteri in cui un dio, un essere superiore o un uomo straordinario viene fatto morire per poter in seguito assurgere ad una esistenza più gloriosa. Quali che siano state le forme da essa assunte nel corso del tempo, prima di pervenire alla sua versione definitiva, possiamo essere certi, per citare le parole di Lewis Edwards[68], che il mito originario era connesso *"a quei rituali primitivi tanto diffusi che si ispirano al processo naturale della morte e della resurrezione... La morale sulla fedeltà è chiara, ma oltre a questa, l'esumazione del corpo a scopo di identificazione e al fine di dargli una seconda e più decorosa sepoltura è un evidente tentativo di insegnare un'ulteriore morale sull'immortalità e di suggerire quel che l'occhio della fede vedrà quando questa vita mortale si sarà consumata".*

La leggenda è stata definita come un dramma filosofico concepito per instillare nel recipiendario l'idea che "non è questa l'unica vita da vivere", implicando in tal modo un'esistenza futura.

Al Candidato, invitato a riflettere sugli elementi peculiari del terzo grado, si insegna che morire non è così terribile come macchiarsi di falsità e disonore. I Fratelli delle epoche più antiche amavano meditare sulla morte, che era un soggetto molto importante negli scritti del Medioevo. Francesco Bacone[69] afferma: *"Ho spesso pensato alla morte, e*

---

[67] Bernard E. JONES, *Guida e Compendio per i Liberi Muratori*, Roma, Editrice Atanòr, 1987, pp. 317-320 [N.d.A.].

[68] Lewis EDWARDS (1809-1887), teologo, predicatore metodista calvinista. È autore di numerosi libri. Importante studioso del Galles del XIX sec. [N.d.A.].

[69] Francis BACON (Londra 1561 - Londra 1626), italianizzato in Francesco

ho scoperto che è il minore di tutti i mali. Tutto ciò che è passato è un sogno, e chi spera nel futuro o dipende da esso sogna ad occhi aperti. Tanta parte della vita che abbiamo vissuta è morta, e tutti i nostri giorni, dal ventre della madre fino al ritorno alla Grande Madre Terra, non sono altre che morte. Persino il momento presente e quelli che verranno sono della stessa natura, perché ogni giorno moriamo, e come altri ci hanno fatto posto, così dovremo infine farne noi ad altri ancora".

Il Visconte Samuel[70], ai giorni nostri, dice che *"la poesia, la scultura, la metafora ci hanno portati a considerare la morte come una cosa concreta. Ma la morte non è una cosa concreta. È una cessazione".*

Si è pensato che la leggenda contenga un riferimento esoterico ad uno dei tanti personaggi che hanno conosciuto una fine prematura. A questo proposito, il testo di consultazione più rilevante è The Hiramic Tradition di W.W. Covey Crump[71], che analizza molte possibilità di tal genere. Egli si domanda se la leggenda non voglia alludere alla uccisione di Thomas Becket, un santo spesso confuso con l'Apostolo Tommaso, che nelle raffigurazioni medioevali tiene in mano una squadra da carpentiere. O forse allude alla morte

---

Bacone, è stato un filosofo, politico, giurista e saggista inglese, vissuto alla corte inglese, sotto il regno di Elisabetta Iª Tudor e di Giacomo I° Stuard [N.d.A.].

[70] Herbert SAMUEL (Liverpool 1870 – Londra 1963), primo Visconte Samuel. Deputato liberale (1902), ricoprì diverse cariche: Ministro degli Interni (1916), Alto Commissario per la Palestina (1920-25), di nuovo Ministro degli Interni (1931-32), *Leade*r liberale alla Camera dei Lords (1944-55) [N.d.A.].

[71] Walter William COVERY-CRUMP (Birmingham 1865 – Ely 1949), sacerdote anglicano. Sposato con tre figli. È stato Curato e Vicario per oltre 50 anni. Iniziato alla Massoneria nel 1910. È autore di numerose pubblicazioni teologiche e massoniche [N.d.A.].

di qualche antico maestro operativo, ucciso nel compimento del suo dovere? La tradizione è un racconto basato sulla morte di Jacques de Molay e sulla soppressione dell'Ordine dei Templari o si riferisce a Maître Jacques de Moler, muratore ucciso su istigazione di un rivale? La storia contiene qualche idea giacobita e allude velatamente all'esecuzione di Carlo I°? Fu un tentativo deliberato di insinuare un influsso giacobita nella Massoneria, magari usando Anderson, un anti-giacobita, come strumento inconsapevole di questa intromissione? È un'eco di una storia rosicruciana? Il membro di una Corporazione di Maestri Muratori fu forse ucciso nel XVI o nel XVII secolo, e la tragedia ne sarebbe un'eco? La tragedia fu scoperta dai Crociati in Europa ed introdotta in Inghilterra? È un'allegoria della "morte del sole" durante l'inverno e della sua rinascita in primavera? Deriva da antichi misteri risalenti all'epoca dei *Collegia* romani o ad una ancora precedente? Si riferisce ai sacrifici di fertilità, o più probabilmente a quelli di stabilità, nel corso dei quali una vittima sacrificale umana veniva murata nelle fondamenta di una costruzione? O non era, dopo tutto, una allegoria della caduta dell'uomo?

Il vero Hiram non è Gesù Cristo? si chiede Covey Crump. Non c'è forse un'eco della tragedia del Calvario nella morte di Maestro Hiram? Naturalmente, Covey Crump ci ricorda che le modalità della morte di Gesù furono assai diverse da quelle di Hiram e che gli undici discepoli non corrispondono ai quindici artigiani; quanto a questo, però, non siamo sicuri di come fosse l'originaria storia di Hiram. "Questa simbologia allusiva – prosegue lo stesso autore – non vuole forse farci vedere sotto le spoglie dell'Hiram tradizionale un altro Maestro, "uno dei personaggi più luminosi" del Libro della Legge Sacra, uno che disse solamente di sé stesso "Io sono la Resurrezione e la Vita"?[...]

[...] G.W. Speth[72] ha dato di questa leggenda una interpretazione che la ricollega alla tradizione di Hiram. Egli esamina il caso dell'apprendista che ha terminato il suo tirocinio e che vede così imminente la sua nascita come libero artigiano. Era a questo punto necessaria una cerimonia che segnasse l'occasione. In tutte le iniziazioni è presente il concetto di una morte simbolica e di una resurrezione o rinascita figurata, di una morte alla vita passata e di un sorgere a quella futura. Quale miglior modo di raffigurare questa idea se non facendo morire il muratore nel suo apprendistato e facendolo rinascere come maestro? E quale leggenda poteva simboleggiare tutto ciò meglio di quella di Hiram? Dobbiamo pensare a tutte quelle leggende in cui un apprendista muore dopo aver completato il suo capolavoro. Abbiamo le storie del "pilastro dell'apprendista" della Cappella di Rosslyn, della finestra dell'apprendista di Rouen, della mensola dell'apprendista della Cattedrale di Gloucester, del minareto dell'apprendista della moschea di Damietta, ed altre. La verità che si nasconde dietro queste leggende consiste probabilmente nel fatto che l'apprendista, *in quanto tale*, deve morire subito dopo aver compiuto il suo capolavoro. In ogni caso, sostiene Speth, era il capolavoro che lo rendeva idoneo alla promozione.

1950

Bernard Edward JONES (1879-1965)
P.A.G.D.C.
Membro della Loggia Quator Coronati di Londra

---

[72] George William SPETH (1847-1901), inglese, autore di numerosi libri di contenuto massonico. Musicista affermato e poliglotta. Maestro Venerabile della *Loggia dell'Unità* n. 1876. Membro Fondatore e primo Segretario della *Quator Lodge* n. 2076. [N.d.A.].

GLI EGGREGORI

Si dà il nome di EGGREGORO ad una Forza generata da una potente corrente spirituale, ed alimentata ad intervalli regolari, secondo un ritmo, in armonia con la vita universale del cosmo, oppure ad una unione di "entità" riunite tra loro da caratteri comuni.

Nell'invisibile, al di fuori della percezione fisica dell'uomo, esistono degli esseri artificiali, generati dalla devozione, dall'entusiasmo o dal fanatismo che vengono chiamati EGGREGORI. Sono le anime delle grandi correnti spirituali, buone o malvagie. La *Chiesa mistica*, la *Gerusalemme celeste*, il *Corpo di Cristo* e tutti questi sinonimi sono dei qualificativi che si danno generalmente all'eggregoro del cattolicesimo.

La Massoneria, il Protestantesimo, l'Islamismo, il Buddhismo sono degli eggregori.
Le grandi ideologie politiche sono degli eggregori.

Integrato psichicamente mediante l'iniziazione rituale, o mediante l'adesione intellettuale ad una di queste correnti, l'affiliato ne diventerà una delle cellule costitutive. Egli aumenterà la possanza dell'eggregoro delle qualità e dei difetti che possiede ed in cambio l'eggregoro lo isolerà dalle forze esteriori del mondo fisico e rinforzerà, con tutta la forza collettiva che ha immagazzinato, i lati deboli dell'uomo che si è legato a lui.

Istintivamente il linguaggio popolare dà all'eggregoro il nome di *cerchio*, esprimendo così intuitivamente l'idea di *circuito*.

Tra la cellula costitutiva e l'eggregoro, cioè tra l'affiliato e il gruppo, si stabilisce allora una specie di circolazione psichica interiore.

Questo spiega perché gli avversari di un CONCETTO qualsiasi, studiando l'origine, la natura, la vita di questo *concetto* finiscono frequentemente per legarsi con lui, o con lo sposare parte delle loro teorie in misura maggiore o minore, anche a loro insaputa.

Essi si sono posti in una corrente che, se è più potente di quella a cui erano primitivamente legati, insensibilmente li trascinerà fuori dalla rotta ch'essi immaginavano di seguire. Se sono liberi da ogni affiliazione l'azione non sarà che più brutale e più forte.

Questa regola è valida per tutte le correnti ideologiche: filosofiche, religiose, politiche.

Ma una corrente spirituale non può divenire VIVENTE nel senso occulto della parola, se dei riti non la vitalizzano.

Gli eggregori sono dei concetti vitalizzati. Questo spiega come solo le associazioni umane a carattere rituale (religione cattolica, massoneria, martinismo, etc.) possono giungere a generare un eggregoro e per tale ragione durare lungamente.

La distruzione di un eggregoro non può essere ottenuta rapidamente che per mezzo della MORTE PER FUOCO dei suoi membri viventi, la distruzione dei simboli che la concretizzano e che vi si riallacciano, così come degli scritti che vi si riattaccano (rituali, archivi, etc.).

L'eggregoro sarà lentamente distrutto quando, lasciato a sé stesso, nessun rituale, nessuna corrente spirituale, generati secondo regole occulte precise, perpetueranno la sua esistenza.

L'incenerazione dei suoi membri viventi e dei suoi scritti assicura solo la distruzione del corpo fisico e del doppio di ogni essere e delle cose. La semplice morte ordinaria (senza distruzione totale dell'immagine), se la allontana dalla vita materiale, non agisce affatto sulla vita astrale. La morte per effusione di sangue, inoltre, non farà che accrescere la vitalità dell'eggregoro in virtù dei poteri misteriosi del sangue, quando esso viene effuso sotto forma SACRIFICALE.

Questo spiega perché le persecuzioni pagane contro il cristianesimo non hanno fatto che accrescere l'ampiezza di questo. Lo stesso vale per gli eretici ed i loro scritti, i quali, spesso, sono stati distrutti dal fuoco; il che dimostra che la Chiesa conosce il segreto della vita degli Eggregori.

Il distacco di un eggregoro si ottiene mediante una cerimonia analoga, benché opposta nei suoi fini, a quella che assicura il legamento. Con tale fatto l'INIZIAZIONE è annullata dalla SCOMUNICA.

Le reazioni dell'eggregoro, per quanto riguarda le cellule espulse, sono spesso assai dannose, benché ostentino sempre un andamento naturale. Questo rigetto, sovente, modifica considerevolmente il destino dello *scomunicato*, destino già modificato una prima volta dalla iniziazione. Lasciando un eggregoro è prudente integrarsi, anche momentaneamente, ad un concetto di forza equivalente ma opposta.

Così come le cellule costitutive di un eggregoro sono prese dall'umanità stessa per quanto riguarda il piano materiale, così altre cellule costitutive lo stesso eggregoro saranno astratte dal mondo delle entità. L'eggregoro VIVE, allora, sul piano fisico (dove agisce per mezzo dell'Uomo) e sul piano superiore (dove agisce per mezzo delle Entità). L'eggregoro possiede allora un CORPO, un DOPPIO, un'ANIMA.

Ciò trova la sua applicazione nella triplice Chiesa: MILITANTE (terrestre), SOFFERENTE (astrale), TRIONFANTE (celeste).

Essendo il ritmo della vita eggregorica assicurato dal rituale, si comprenderà facilmente come la minima perturbazione della ritualità apporterebbe una perturbazione identica nel ritmo vitale del concetto[73]. Quasi come un organo umano che funzioni anormalmente.

Una volta stabilito e perpetuato dall'uso e nel tempo, un rituale non può essere modificato senza danneggiare l'eggregoro. Ciò spiega perché il segreto si applica ai rituali delle Iniziazioni.

Lo stesso vale per i NOMI DIVINI, PAROLE DI POTERE, etc., cioè quelle definizioni rituali consacrate dall'uso che permettono insieme a formule, preghiere, invocazioni, ugualmente consacrate dall'uso, di stabilire un rapporto spirituale tra l'Uomo e Dio; ed ugualmente i nomi, le parole, le formule speciali e segrete, sono utilizzate per la messa in

[73] Onde l'indubitabile efficienza occulta d'una PROFANAZIONE che può consistere in una DIVULGAZIONE ed una ESPOSIZIONE pubblica di quanto dovrebbe rimanere celato.

azione ed il risveglio preliminare dell'eggregoro.

Ma se la vita passiva di questo CONCETTO VITALIZZATO è assicurata dalla massa dei fedeli, la vita attiva non deve essere assicurata che da certi membri, i più sicuri ed i più qualificati.

Ciò implica necessariamente una GERARCHIA nel senso di ogni associazione. L' EGUAGLIANZA, se vi deve essere eguaglianza, NON PUO' ESISTERE CHE NEL *CERCHIO INTERIORE* POSTO ALLA TESTA DELL'EGGREGORO.

Infine, le grandi leggi cosmiche, particolarmente quelle relative al tempo, alle epoche, alla durata, debbono collaborare alla vita dell'eggregoro.

Ciò spiega perché tutte le grandi cerimonie rituali, sia filosofiche sia religiose, sono situate agli equinozi ed ai solstizi, oppure in alcune date in rapporto a queste quattro grandi divisioni annuali.

Così dovrà essere osservata la marcia degli astri, l'influenza che deve provenire da un luogo, da un orientamento, etc.

L'IMMAGINE convenzionale di un eggregoro equivale, così come la sua rappresentazione mentale, ad una realtà nel piano astrale o mondo iperfisico immediato. La Repubblica, la Patria, la Giustizia, la Guerra, la Famiglia sono delle immagini eggregoriche.

L'uomo visualizzando dei concetti, necessariamente li antropomorfizza. Nel piano divino, in cui tutte le cose equivalgono ad una NUMERAZIONE, ad un NUMERO DIVINO, è il SEGNO o SIGILLO che concretizza l'eggregoro.

Così, successivamente: il sigillo di Salomone od esagramma, il pentagramma o stella di David, la croce latina, il Triangolo massonico ed altri innumerevoli segni e sigilli che ci trasmettono i libri di Magia e di Cabala, sono concretizzazioni eggregoriche.

Ogni eggregoro deve, dunque, possedere un SEGNO, CARATTERISTICA della sua natura, dei suoi fini e dei suoi mezzi. Riguardo all'affiliato questo segno è *ad unum* sostegno, protezione, ed un punto di contatto. In tal modo assume l'aspetto di un vero PENTACOLO[74].

Quando un eggregoro ha lungamente vissuto, acquista una vita relativamente indipendente. Non obbedisce più agli impulsi che i Maestri della setta gli trasmettono per mezzo del rituale e da schiavo diventa, sovente, tiranno feroce. Questo spiega il sorgere di movimenti deviati dal fine primitivo loro assegnato. Egualmente può cambiare di maestro. La conquista di un eggregoro mediante la sua EVOCAZIONE era un segreto ben conosciuto dai preti di Roma. La formazione psichica degli eggregori è lungamente descritta in diversi libri di occultismo e le regole di Yoga ne fanno parte, così come gli *esercizi spirituali dei Figli di S. Ignazio*, opera ben conosciuta da tutti i discepoli dei gesuiti.

La vita occulta degli eggregori è assicurata da procedimenti identici a quelli che sono impiegati in magia per vivificare le forme chiamate *elementari*. Il sangue della vittima

---

[74] Il blasone di una vecchia famiglia è il suo pentacolo, l'Albero genealogico costituisce la sua *catena magica*. Tutto il seguito dei discendenti non formano che un essere solo (sec. Barres).

(olocausto di adorazione o di espiazione), le resine aromatiche, incenso, mirra, etc. (sangue dei vegetali), la visualizzazione di una immagine concretizzatrice, le correnti mentali, le catene d'unione, etc. fanno parte di questa ritualità animatrice e conservatrice degli eggregori.

La vita materiale degli eggregori è assicurata dal numero dei membri, dalla loro disciplina, dalla loro unione spirituale, dalla loro stretta osservanza dei riti vivificatori e conservatori. Egualmente le correnti di simpatia o di antipatia, generate nel mondo profano dalle loro azioni o dalle loro tendenze, aiutano od impediscono notevolmente la vitalizzazione dei concetti, così come le loro azioni.

A maggior ragione i processi di <u>azione occulta</u> della Magia Tradizionale e della Teurgia sono potentissimi mezzi d'appoggio e di combattimento per quanto riguarda gli eggregori, a condizione naturalmente che la loro potenza sia in rapporto con quella del detto concetto. Questo spiega perché in tutti i tempi il sacrilegio e la profanazione siano stati considerati dei crimini religiosi.

NOTA: Precisiamo il ruolo e la ragione d'essere della CATENA D'UNIONE MASSONICA. Generatrice e vivificatrice dell'eggregoro dell'Ordine, non ha altro fine che quello di lanciare nelle *regioni spirituali*, chiuse ai sensi carnali ed alla loro azione, le correnti di forza <u>generatrici d'un essere metapsichico</u> sfuggendo ad ogni antropomorfismo. Nato dall'assemblea umana, nato dal suo volere, questo <u>essere</u> di un altro mondo ne diverrà il dio conduttore. Ripetizione del principio conduttore della Massoneria Universale, che vuole che il potere nasca dalla maggioranza e che non diventi autorità, se non quando è estratto. Questo è lo SPIRITO MASSONICO, vero eggregoro dell'Ordine.

S.d.

Fr. Robert Ambelain *alias* Aurifer
(1907-1997)
Massone, Martinista,
Eletto Cohen, Rosa+Croce,
Cattolico Gnostico

I LAVORI DI LOGGIA
IN GRADO DI MAESTRO MURATORE

Prima di trattare l'argomento, data la complessità e la difficoltà della Camera di Mezzo, è necessario e indispensabile fare alcune considerazioni.

Nel 1931 il Fr. Osvald Wirth nel completare la sua trilogia "La Massoneria resa comprensibile ai suoi adepti", con il libro sul Maestro, nella sua introduzione "Agli iniziati del 3° grado", si domandava quanti fossero i Massoni che avevano saputo penetrare lo spirito del grado e, pertanto, erano degni di portare le insegne di Maestro Muratore.
Rispondere di conoscere l'acacia non è sufficiente per definirsi Maestro.

Non è facile essere Maestro, dice il Fr. Wirth, mettendo in rilievo le difficoltà che incontra l'adepto in Camera di Mezzo.
La Maestria è una sommità, una vetta a cui è difficile arrivare; ma anche un fatale termine di qualsiasi ascensione.
Il Maestro che vi arriverà non avrà più nulla da ambire.
Ma come arrivarvi? si domanda il Fr. Wirth, aggiungendo, con grande sincerità e umiltà, indice della consapevolezza della difficoltà e della fatica a raggiungere la pienezza di questo grado, queste parole:

Del resto, non c'è nulla di umiliante confessando la nostra impotenza di fronte al mistero. Ammesso nove lustri fa [quarantacinque anni!] in Camera di Mezzo, non posso ancora vantarmi di conoscere l'Acacia. Come voi, in realtà, sono rimasto Compagno. I miei viaggi non sono finiti ed io lavoro

senza posa a conquistare la Maestria, che sono ben distante dal possedere.
Allora come posso avere la presunzione di redigere il "Libro del Maestro"?

Queste sono le riflessioni del Fr. Wirth, che ci sono state di grande aiuto nell'affrontare la stesura della tavola in questo grado.
A differenza del Fr. Wirth che, dopo 45 anni di Camera di Mezzo, ammette di essere rimasto Compagno, noi, invece, dopo 40 anni di Massoneria, ci sentiamo, purtroppo, ancora Apprendisti.
Diciamo purtroppo, perché è da poco tempo che siamo riusciti a intuire, non sufficientemente ancora, il significato del 2° grado, ad intravedere una piccola luce nel mistero di esso. Nonostante la consapevolezza della nostra inadeguatezza, ci siamo spinti, lo ammettiamo, con molta leggerezza e presunzione, ad estendere e sviluppare la nostra ricerca al grado di Maestro.

La nostra ignoranza ed inesperienza non ci consente di dire di più di quanto sia scritto sui libri in circolazione.
Anche se siamo convinti che l'aiuto necessario alla comprensione di ciascun grado sia la lettura, la ri-lettura e la riflessione del rituale del grado.
O, meglio, dei vari rituali esistenti. Perché in ogni rituale di ogni Rito, possiamo trovare un "frammento" del mistero che con il tempo, talora con i compromessi, e, forse, con la più o meno consapevole lungimiranza degli uomini, è stato disseminato.

Nel Rituale Francese (o Scozzese) l'insegnamento che recepiamo nel 3° grado si limita ancora all'aspetto etico-moraleggiante del percorso iniziatico.

Siamo del parere che il grado dell' "etica" sia quello di Apprendista.

Mentre quello del Compagno è il grado della "metafisica", intellettivamente intesa, cioè l'intelletto, che, con le sue facoltà, attraverso l'indagine e lo studio, va orientato in senso metafisico.

Il grado di Maestro, invece, è il grado della "mistica", in parte, come abbiamo visto, già presente nel 2° grado.

In ogni Rituale del 3° grado viene proposta la leggenda di Hiram, la sua morte ad opera di tre scellerati Compagni, il ritrovamento del suo cadavere e la sua resurrezione.

Il problema della morte è prevalente ed invadente, specie nel Rituale Emulation. Morte intesa sia come morte fisica, ma soprattutto come morte mistica.

Il grado di Maestro ci insegna, o, almeno ci dovrebbe insegnare, che cosa è la morte e come dobbiamo morire.

Infatti, durante la cerimonia di innalzamento al 3° grado, il M.V. nel fare l'esame retrospettivo dei due gradi precedenti, rivolto al Compagno e riferendosi al 2° grado, gli dice:

... la Natura presenta tuttavia un'ulteriore, grande e utile lezione: mediante la contemplazione, vi prepara per l'ultima ora della vostra esistenza; e quando, grazie a tale contemplazione, essa vi ha condotto attraverso gli intricati sentieri di questa vita mortale, vi istruisce, infine su come morire.
Tali ... sono gli scopi peculiari del Terzo Grado della Libera Muratoria. Essi vi invitano a riflettere su questo terribile tema e vi insegnano ad essere sicuro che, per l'uomo retto e

virtuoso, la morte non causa tanto terrore quanto quello di essere macchiati dalla menzogna e dal disonore.

Dopo la sua morte simbolica e rinascita, il M.V. invita nell'Esortazione il neo-Maestro, con queste parole:

Abbiate cura di adempiere al compito assegnatovi mentre è ancora giorno. Continuate ad ascoltare la voce della Natura, che testimonia come, anche in questo organismo mortale, risieda un principio vitale ed immortale...

    La leggenda di Hiram è una metafora di una verità "velata". Sta a noi disvelarla. Solo così potremo comprendere il segreto dell'aldilà.

Soltanto così, potremo prepararci, come dice il rituale, *per l'ultima ora della [nostra] esistenza, in modo tale da poter attraversare, senza pericolo, la valle tenebrosa della morte e ... sorgere dal sepolcro del peccato e brillare come le stelle, per l'eternità.*

    Penso che abbiate compreso come, oltre alla Natura, la morte sia il *leitmotiv*, il motivo conduttore, il tema dominante della cerimonia di innalzamento al grado di Maestro.
Il terzo grado chiude il ciclo della nostra vita. Vita fisica e vita iniziatica.
È cominciato con la nostra Nascita (Apprendista) e si chiude con la Morte (Maestro).
Ma come possiamo prepararci alla morte?
Quale è la risposta al quesito *dove andiamo?*
Quale è il significato della Vita, oltre a quello della nostra esistenza?
Abbiamo bisogno di un altro metodo di conoscenza.

Nei gradi precedenti abbiamo utilizzato la conoscenza razionale (1° grado), e la conoscenza intellettiva (2° grado). Adesso, per poter indossare il grembiule di Maestro, dobbiamo farci aiutare dalla conoscenza intuitiva.
Ma cos'è la conoscenza intuitiva?
È difficile "spiegare" con le parole ciò che può essere solo "intuito".
Sembra una contraddizione in termini.
Ma se noi pensiamo "esotericamente", tutto sarà più facile.
Intuire (dal lat. *intueri*) etimologicamente significa guardare dentro, vedere dentro. (Per vedere fuori noi utilizziamo i naturali occhi esteriori).
L'intento è quello di percepire l'essenza stessa delle cose, la realtà metafisica o "noumenica" che procede "oltre" il reale e il visibile.
È una conoscenza immediata, basata sulla percezione super-sensibile e super-razionale della realtà "pura", realtà non ancora "contaminata" dai sensi e dalla ragione.

Tutti noi abbiamo potuto constatare questa capacità intuitiva in persone a noi vicine, mi riferisco alle donne, quando, ad esempio, trovandosi di fronte a situazioni particolari o di fronte a persone sconosciute, esprimono giudizi, valutazioni cosiddette "a pelle", che in un primo momento ci lasciano perplessi, ma che, poi, si rivelano veritieri.
Inconsciamente, senza presupposti logici e razionali, le donne riescono ad intuire, a guardare dentro attentamente le cose e le persone.
Questo si spiega con l'anatomia e la fisiologia cerebrale.
Molto riduttivamente, il cervello è formato da due emisferi che hanno delle funzionalità diverse, anche se ci sono connessioni tra di loro.

L'emisfero sinistro deputato all'attività logico-razionale ed emozionale, è usato prevalentemente dall'uomo, mentre l'emisfero destro deputato all'attività istintuale, creativa, artistica, spirituale, è usato prevalentemente dalla donna per compiere operazioni mentali in parallelo.

Il celebre "intuito" femminile si basa quindi proprio sulla possibilità del cervello di elaborare la realtà in modi diversi e paralleli.

Gli uomini debbono sforzarsi per poter acquisire la conoscenza intuitiva, mentre per le donne è un fatto naturale.

(Detto tra parentesi, io sono convinto che questo, forse, sia il motivo per il quale nelle Massonerie regolari è vietato l'ingresso alle donne. Le donne non hanno bisogno della Massoneria).

Come facciamo ad acquisire la conoscenza intuitiva?

Lo dice il Rituale: *[il 3° grado] mediante la contemplazione [ci] prepara per l'ultima ora della [nostra] esistenza; e quando, grazie a tale contemplazione, essa [ci] ha condotto attraverso gli intricati sentieri di questa vita mortale, [ci] istruisce, infine, su come morire.*

Risalta chiaramente come il Grado di Maestro non sia interpretabile con lo strumento della ragione, ma, piuttosto, come un *velo misterioso che l'occhio della ragione non può penetrare.*

Come già detto in Camera di Compagno, abbiamo bisogno di un "terzo" occhio. Come quello inserito nel Triangolo che sta alle spalle del M.V., che non è un occhio destro o sinistro, ma un occhio "altro".

Ci viene richiesta, per proseguire il nostro cammino iniziatico, una nuova facoltà, quella della *contemplazione,* dalla quale affiora la Conoscenza intuitiva.

Quindi, nel grado di Maestro non dobbiamo più affidarci alle sole facoltà morali o intellettuali, poiché l'Ineffabile poggia sulla intuizione che ci fa percepire il Tutto e non sui sensi o sulla ragione che ci fanno percepire solo le sue parti.
La contemplazione del Maestro Massone germoglia dalla meditazione del Compagno.
Erroneamente meditazione e contemplazione sono considerati sinonimi. Ma non è così.

La meditazione, quella del Compagno, è attiva, perché produce in noi la consapevolezza di ogni attimo presente, perché accogliamo ciò che accade, senza alcuna influenza e interferenza del passato e del futuro.

La contemplazione, quella del Maestro, invece, è passiva, perché consiste nell' abbandono e nell'annichilimento di noi stessi, che rende possibile la realizzazione simultanea dell'immanenza e della trascendenza.
Dio è nell'uomo e l'uomo è in Dio.
"A ciò veniva dato il nome di estasi ... in cui il corpo fisico è in stato di *trance* e l'anima liberata può giungere all'unione con l'Altissimo. Quest' "estasi" ... è uno stato dell'anima ... che rende possibile di percepire ciò che prima le era nascosto. Questo stato non sarà permanente fino a che la nostra unione con Dio non sia irrevocabile; qui, nella vita terrena, l'estasi non è che un lampo ... L'uomo può cessare di essere uomo e diventar Dio; ma non può essere uomo e Dio allo stesso tempo"[75].

Come avrete potuto comprendere, il percorso del terzo grado è veramente arduo e complesso, a tal punto che

---

[75] Annie BESANT, *Esoterismo cristiano*, Fratelli Melita Editori, 1988, p. 17.

reputiamo opportuno, per la nostra inadeguatezza e per non mandare in *tilt* i Fratelli, sospendere questa tavola.

2015

Fr. Giacinto Mariotti, M.I.

TUBAL-CAIN

Tubal-cain o Tubal-kain è un personaggio biblico. Lo troviamo citato nel *Libro della Genesi*, *4:22*, nel lungo elenco delle generazioni succedutesi a Caino, figlio di Adamo ed Eva. Tubal-cain rappresenta la settima generazione. Il padre di Tubal-cain si chiamava Lamec che ebbe due mogli, Ada e Silla. Ada partorì Iabal e Iubal. Silla partorì "Tubal-kain, il fabbro, padre di quanti lavorano il bronzo e il ferro". Dopo queste poche ed uniche notizie, non sappiamo altro di lui[76].

Fatte queste premesse "storico-bibliche", e tenuto presente che il nome di Tubal-cain è riportato una sola volta nella Bibbia, cerchiamo di analizzare e conoscere maggiormente questo "personaggio" così importante per la Massoneria.

Attualmente Tubal-cain è la "parola di passo" del 3° Grado massonico, ma non sempre è stato così[77].

[76] Inizia, subito dopo, la seconda serie dei discendenti di Adamo/Eva, i quali, dopo Abele e Caino, ebbero un altro figlio chiamato Set. Si va avanti, così, con i discendenti di Set, per dieci generazioni, terminando con i fratelli Sem, Cam e Iafet, figli di Noè, a sua volta, figlio di Lamec.

[77] L'adozione delle parole sacre e di passo è tutt'altro che universale. Hanno variato nel tempo e mutato da Rito a Rito. C'è stata, spesso e volentieri, una graduale corruzione fonetica. Precedentemente ci sono state confusioni tra parole sacre e tra parole di passo. Ad es. Tubalcain per un periodo, è stata, in alcuni Riti, la parola di passo del 1° grado. Infatti, nel Rito Simbolico, nel Rito Francese e nel Rito Scozzese di Palazzo Giustiniani Tubalcain era la parola di passo in grado di Apprendista (Cfr. Jules BOUCHER, *La Simbologia Massonica*, Roma, Editrice Atanor, 1975, p. 358. Inoltre, cfr. Arturo REGHINI, *Le parole sacre e di passo dei primi tre gradi ed il massimo mistero massonico*, copia anast. 1922, Roma, Atanòr, 2015, p. 110). I successivi Rituali del G.O.I., almeno dal 1998, hanno modificato la situazione.

Nei Rituali Scozzesi il nome di Tubalcain, Thubalcain, Tubalcain non fa parte del Rituale vero e proprio, ma è riportato solo nelle istruzioni preliminari.

La parola di passo è una parola d'ordine, di riconoscimento, un lasciapassare che serve al massone per andare da un grado all'altro. È una parola d'ordine per passare dal 1° al 2° grado (parola di passo del Compagno), così come c'è un'altra parola per passare dal 2° al 3° grado (parola di passo del Maestro). Ovviamente, non esiste una parola di passo dell'Apprendista, perché non c'è nessun grado massonico prima dell'Apprendista, in quanto prima c'è solo il mondo profano. La parola di passo viene richiesta anche per la "tegolatura", per verificare, cioè, l'appartenenza di una persona alla Massoneria ed a quale grado appartiene.

La più antica menzione delle parole di passo risale al 1793, quando furono pubblicati *I Segreti del Massonismo svelati*.
Nella Massoneria operativa, la Guardia Esterna (o Copritore Esterno) respingeva i profani domandando la "parola di passo" del grado in cui in quel momento si stava lavorando, mentre quella Interna richiedeva i "segni e toccamenti", che per ragioni di prudenza era opportuno dare solo all'interno della Loggia[78].

Veniamo al nocciolo del quesito che ci prefiggiamo di indagare: chi è Tubal-cain, cosa rappresenta, qual è il suo significato nascosto, velato, perché è stato scelto come parola di passo, cosa ci vuole indicare?

---

[78] Cfr. Michele MORAMARCO, *La Massoneria oggi*, riportata da RUGGERO DI CASTIGLIONE, *Corpus Massonicum*, Roma, Editrice Atanor, 2007, p. 252.

Gli antichi Rituali massonici (prima, cioè, che venissero ignorantemente, o peggio colpevolmente, alterati, modificando o cancellando parti di essi), gli antichi Rituali massonici, ripetiamo, così come gli antichi libri di spiritualità, oltre ad avere un significato letterale, un significato ovvio che non preoccupava o allarmava il potere costituito, conteneva un significato allegorico, enigmatico, misterioso, segreto, conosciuto solo agli adepti.

A questo proposito, il nostro sommo poeta, Dante, iniziato ai Misteri, scriveva[79] che *"le scritture si possono intendere e deonsi[80] esponere massimamente per quattro sensi. L'uno si chiama litterale, e questo è quello che non si stende più oltre che la lettera de le parole fittizie, sì come sono le favole de li poeti. L'altro [senso] si chiama allegorico, e questo è quello che si nasconde sotto 'l manto di queste favole, ed è una veritade ascosa sotto bella menzogna[81] [...]. Il terzo senso si chiama morale, e questo è quello che li lettori deono intensamente andare appostando[82] per le scritture, ad utilitade di noi e di loro discenti[83]: sì come appostare[84] si può nell'Evangelio[85], quando Cristo salio lo monte per trasfigurarsi, che delli dodici Apostoli menò seco li tre[86]; in che moralmente si può intendere che alle secretissime cose noi dovemo avere poca compagnia[87]. Lo quarto senso anagogico,*

---

[79] Cfr Dante ALIGHIERI, *Convivio*, trattato II, capitolo I.
[80] Si debbono.
[81] Sotto il valore metaforico delle parole.
[82] Cercando.
[83] Di quelli che da loro imparano.
[84] Cercare, trovare.
[85] Nel Vangelo di Matteo
[86] Pietro, Giacomo, Giovanni.
[87] Pochi partecipi del segreto. (È superfluo ogni commento!).

cioè sovrasenso[88]*; e questo è quando spiritualmente si spone una scrittura*[89]*, la quale ancora*[90] *sia vera eziandio nel senso litterale, per le cose significate significa*[91] *de le superne cose de l'etternal gloria, sì come vedere si può in quello canto del Profeta che dice che, ne l'uscita del popolo d'Israel d'Egitto, Giudea è fatta santa e libera*[92]*. Chè avvegna essere vero secondo la lettera sia manifesto*[93]*, non meno è vero quello che spiritualmente s'intende, cioè che ne l'uscita de l'anima dal peccato, essa sia fatta santa e libera in sua potestate".*

Analizziamo, ora, cosa riportano gli antichi e gli attuali testi sull'identità di Tubal-cain. In alcuni casi, oltre all'attività lavorativa che svolgeva, viene indicato, apertamente, anche il suo significato nascosto.
Nella Bibbia (*Libro della Genesi, IV:22*) della CEI (Ediz. 2008): Tubal-Kain è "il fabbro, padre di quanti lavorano il bronzo e il ferro". Viene ricordato, come già detto, una sola volta nella Bibbia.
Nella Bibbia (*Libro della Genesi, IV:22*) della Società Biblica di Ginevra (Sesta Edizione 2012) Tubal-cain è "l'artefice d'ogni sorta di strumenti di bronzo e di ferro". Nella Bibbia di Re Giacomo (*Genesi, IV:22*), Tubal-cain è "*an instructer of every artificer in brass and iron*" [un istruttore di ogni artigiano (che lavora) l'ottone e il ferro]. Questo è quanto indicato dalla Bibbia, nelle sue varie versioni. Tubal-cain era un artigiano, un fabbro, un istruttore che lavorava il ferro e il bronzo (lega

---

[88] Soprannaturale.
[89] Senso anagogico, per cui le cose terrene sono rappresentate come simbolo di quelle celesti.
[90] Sebbene.
[91] Dà il simbolo.
[92] La liberazione degli ebrei d'Egitto dallo stato schiavistico rappresenta la liberazione dell'anima dalla schiavitù del corpo.
[93] E se è manifesto essere vero secondo il senso letterale.

composta prevalentemente da rame e stagno), il ferro e l'ottone (lega prevalentemente di rame e zinco)[94].

Vediamo, ora, cosa riportano i testi massonici. Come abbiamo precedentemente detto, nei testi dei Rituali scozzesi il nome Tubal-cain non lo si trova; esso è riportato solo nelle "Istruzioni" allegate al Rituale, senza specificarne, però, il significato.

In uno scritto inglese riguardante la Massoneria operativa, il *Manoscritto Cooke*, risalente al 1410, Tubal-cain viene ricordato come "l'inventore dell'arte del fabbro e di tutte le arti del metallo, in altre parole, secondo certi Dottori, del ferro, dell'acciaio, dell'oro e dell'argento".

Arturo Reghini avanza l'ipotesi di una derivazione dal greco τυμβοχοέιν (tumbocsoein), tratta da τυμβοχοεω (tumbocsoeo), *sollevo il tumulo sepolcrale*[95].

Nel Rito Egizio di Misraim, Tubal-cain è la parola di passo del 3° grado, ed il suo significato è *possessio mundana*[96], cioè possesso del mondo, delle cose materiali, dei beni terreni.

Nel Rituale *Emulation* in uso presso la Gran Loggia Regolare d'Italia dal 1993, anno in cui è stata fondata e riconosciuta dalla *UGLE*, a tutt'oggi, viene riportata dal M.V. questa affermazione "T...n fu il primo artefice che lavorò i met. Il suo significato è Forgiatore di metalli ...". C'è qualcosa che stona tra l'identità lavorativa di Tubal-cain ed il suo significato (ovviamente, recondito). È una ripetizione bella e buona che non spiega nulla. È vero che in Inghilterra i Rituali

---

[94] Simbolicamente il "bronzo" rappresenta la prepotenza, la chiusura a Dio e il rifiuto alla conversione. L' "oro" simboleggia la ricchezza e l'idolatria. L'"argento" allude alla moneta di scambio e alla perdizione. Il "ferro" esprime la forza, la violenza, la schiavitù.
[95] Cfr. Arturo REGHINI, *Parole sacre e di Passo ...*, cit., p. 128.
[96] Cfr. Arturo REGHINI, *Parole sacre e di Passo ...*, cit., p. 128.

massonici sono alla portata di tutti, ma sono criptati, per cui alcuni tratti importanti sono omessi e sostituiti da una serie di puntini. Quasi sicuramente i FF. della G.L.R.I. non si sono rivolti alle persone giuste capaci di decrittare la parte interessata del Rituale.

Siamo in possesso di una copia pluri-fotocopiata del Rituale italiano della Loggia londinese "Italia" n. 2687, aderente alla UGLE, che lavora in lingua italiana, in vigore nel 1978 e parzialmente criptato. Alla domanda *"Chi era ...?"*, si risponde *"Il primo Ar... in Met..."*. *"Il significato della P...?"* P. sta per "parola". Si risponde *"Ri... Mon..."*. Vuol significare, forse, "Rifugio, Ricerca, Richiamo, Rifiuto, Rinuncia ... Mondano/a"?

Jules Boucher[97] rivela che il significato di Thubal-kain è "Possesso del Mondo".
Lo stesso significato è confermato da Irène Mainguy[98], che ne spiega il motivo. Perché " ... di fatto, la scoperta di metalli utili come ferro o rame assicurò all'uomo il possesso di tutti i beni della terra".

Ma ciò che toglie ogni dubbio è il Rituale *Emulation* originale non criptato della *United Grand Loge of England*, edito fuori i confini inglesi. Il M.V. dopo aver comunicato al Candidato la P.d.p. del 3° grado (Tubal-cain), gli spiega che il significato della Parola di passo è *"Worldly (possession)"*, che tradotto in italiano vuol significare "Beni terreni (possesso)", cioè "bene materiale, terreno, temporale, mondano, attaccato ai piaceri della vita".

---

[97] Jules BOUCHER, *La simbologia massonica*, Iª Ediz. italiana, Roma, Casa Editrice Atanòr, 1975, p. 367.
[98] Irene MAINGUY, *Simbolica Massonica del terzo millennio*, Iª Ediz. Italiana riveduta e ampliata, Roma, Edizioni Mediterranee, 2004, p. 342.

Recentemente siamo venuti a conoscenza, dal Rituale scozzese di 3° grado della "Serenìsima Gran Logia de la Comunidad de Madrid (Gran Oriente de Madrid), come nelle Istruzioni sul simbolismo del Grado di Maestro, la Parola di Passo "Tubal-cain" significhi "Posesio Orbis, posesiòn del mundo"[99].

Finora, di Tubal-cain abbiamo trattato prevalentemente solo l'aspetto letterale delle parole. Poiché Tubal-cain appartiene al 3° grado, il più alto grado massonico simbolico, dobbiamo adoperare un cifrario particolare per decrittare il suo contenuto. Tutti noi sappiamo, *repetita iuvant*, che la Massoneria è una via iniziatica, un percorso che deve portare alla realizzazione del Sé. Tutto ciò richiede un lavoro incessante su noi stessi. Da Apprendisti dobbiamo lavorare sul piano fisico, da Compagni sul piano animico-mentale, da Maestri sul piano spirituale. Quindi per comprendere il significato di Tubal-cain, dobbiamo dargli un senso anagogico, sovrannaturale, spirituale.

Il candidato al 3° grado, il futuro Maestro, rappresenta Tubal-cain, un "artigiano che lavora i metalli". Il lavoro del fabbro è un lavoro pesante, massacrante. Lavorare i metalli vuol dire trattarli, plasmarli, manipolarli. Cosa vuol dire? Significa che l'anima, durante la sua esistenza fisica, è stata impiegata ed impegnata a trattare, a maneggiare i metalli (cioè i vizi, le corruzioni, le abitudini riprovevoli, i difetti,...) che l'hanno resa inevitabilmente schiava. Senza accorgersene l'anima si è materializzata. È caduta nella trappola, inconsapevolmente.

Anche da Apprendista e da Compagno, il Candidato è stato sollecitato a rinunciare ai metalli, alle cose terrene e, al contempo, è stato incoraggiato a coltivare i beni interiori.

---

[99] Gran Oriente de Madrid, *Liturgia del Gr. de M.R.E.A.A.*, 2005, p. 5.

Nonostante ciò, la contaminazione dei metalli, anche se ridotta, è ancora presente; il Candidato è ancora "sporco", non è stato del tutto purificato, è ancora "posseduto dal mondo". Il mondo profano, anche se meno di prima, lo attrae ancora. Dei sottili fili metallici lo tengono ancora aggrappato alla profanità.

Non dimentichiamo che tra i "beni terreni" vanno annoverati paradossalmente, purtroppo, anche gli stessi "gradi" massonici, di cui andiamo fieri ed orgogliosi, tra cui, soprattutto, quelli altisonanti dei variegati Riti. Non ci ricordiamo, infatti, che essi non sono dei titoli onorifici, di cui andare fieri. Non sono come i "gradi" militari, che indicano la superiorità di chi porta più "stellette". Mentre l'orma di un piede è sinonimo di un cammino terreno, così il "grado" massonico denota un cammino spirituale *in fieri,* in via di formazione, non ancora compiuto, addirittura in fase di ideazione. Chi vuol comprendere, comprenda.

L'abbandono delle cose materiali residuali, dei "poteri mondani", dei "beni terreni", compresi gli "affetti" (specie se questi sono malati), è il primo passo necessario per garantire all'anima di ritornare alla primigenia condizione che è quella dello Spirito. In poche parole, per essere realmente "iniziato" il Candidato deve liberarsi dall'attrazione e dalla seduzione di tutti i beni temporali, fisici e psichici, che sono la malattia dell'anima. Perché, come affermava Dante, "la possessione [è] dannosa per due ragioni: l'una, che è cagione di male; l'altra che è privazione di bene"[100].
Come il "figliol prodigo", l'anima desidera ritornare a casa del Padre, alla ricerca dei beni reali e durevoli. Questo è il momento della sua vera "conversione".

[100] Dante ALIGHIERI, *Convivio*, Tratt. IV, Cap. XIII, in DANTE, *Opere Minori*, Roma, Ediz. Cremonese, 1956, p. 252.

Cari Fratelli, siamo alla fine di questa Tavola, ma prima di concludere, vorrei condividere con Voi una analisi che diversi anni fa umilmente elaborai sulla figura di Tubal-cain. Forse non c'entra nulla con tutto quello che ci siamo detti finora. Forse è un'altra chiave di lettura? Non lo so. Lascio a Voi il compito.

Come si può facilmente notare il nome Tubal-cain è composto da due parti TUBAL e CAIN. Tubal è formato dalla radice "bal", che ritroviamo nel nome di Abele e Cain lo ritroviamo nel nome di Caino.

Quindi, nel nome composto di Tubal-cain, riconosciamo le radici dei nomi di Abele e Caino, prototipi dell'antagonismo fraterno, che porta un fratello ad odiare ed uccidere l'altro.

Tubal-cain fa convivere ciò che sembra inconciliabile, l'ucciso e l'uccisore, unisce le due nature nella propria persona ed offre una possibilità di riconciliazione tra i cattivi compagni che sono in noi e quelli buoni partiti alla ricerca del Maestro per riportarlo in vita.

Tubal-cain è il simbolo che riunisce due aspetti che potrebbero sembrare opposti, ma che sono soltanto complementari, della manifestazione, riconciliandoli. È la *coincidentia oppositorum*.

Certamente Tubal-cain è una metafora di una verità "velata". Sta a noi disvelarla.

2021

Fr. Giacinto Mariotti, M.I.

LA MORTE

Ho sempre pensato di fare una tavola su questo argomento. Ma, poi, ho sempre rimandato, perché la "morte" è un argomento divisivo e da un punto scaramantico non sempre bene accetto. Nella vita quotidiana c'è sempre imbarazzo a parlare della morte, sia per chi propone il tema, perché viene considerato un menagramo, uno jettatore, sia per chi riceve la proposta, perché la crede inopportuna in quel determinato momento.
La morte è un tabù. Il solo parlarne porta "sfortuna". L'unico modo per esorcizzarla è il silenzio. Al solo accennare al vocabolo "morte", scattano in automatico negli interlocutori i più variegati gesti apotropaici. Sono sicuro che, anche adesso, alcuni di voi hanno ad essi, inconsapevolmente, fatto ricorso, almeno mentalmente.

Molto probabilmente, questo lungo periodo della pandemia [rif. Epidemia Sars-Cov-19, cd. covid], che tanti lutti ha provocato, mi ha reso più fragile da una parte, ma più agguerrito e combattivo dall'altra. Ho pensato a quanti fratelli, in tutto il mondo, sono morti, ed ho sperato che l'ultimo percorso del loro cammino terreno sia stato sereno. Ho immaginato che avrei potuto essere anch'io nella lista ... e, allora, ... mi son deciso a scriverne. Non perché abbia delle soluzioni, delle certezze. Magari! Ma perché ho molti dubbi.
Mi rivolgo a voi, cari Fratelli, perché possiate aiutarmi a trovare una soluzione alle mie domande che sono tante.
Vorrei parlarvi, in via preliminare, di una tra le mie prime esperienze sulla morte, che ha influenzato la mia crescita.

Fino ad un certo punto della mia vita, la morte non ha rappresentato quasi niente per me, come se non mi riguardasse. All'improvviso (avevo da poco compiuto i diciotto anni) vengo catapultato in una dimensione irrazionale e surreale. Nel giro di pochi giorni mio padre muore a 48 anni. Sono orfano. Non riesco a darmi una ragione. Osservando la sua salma sul letto, lo vedo identico a quando era vivo. Solo il tatto della fronte e delle mani mi dicono che qualcosa è cambiato. Apparentemente è come prima, quando era vivo, ma qualcosa è improvvisamente intervenuto, che gli ha portato via la carica vitale. Come, quando, durante un *blackout*, la luce elettrica in casa viene a mancare improvvisamente. Apparentemente tutto quello che è visibile sta al proprio posto: l'interruttore è funzionante, il filo elettrico non è tranciato, la lampadina non è fulminata, ma la luce non c'è. Manca l'energia elettrica, l'unica componente che non è visibile, ma è l'unica che consente la visibilità. Comprendo in quel momento la differenza tra il corpo fisico e quello spirituale (allora, non c'era tanta differenza tra l'anima e lo spirito, o, almeno non ne apprezzavo la differenza). Mi rendo conto che, come la camicia e la giacca sono delle coperture del corpo, così il corpo e l'anima sono semplici involucri dello spirito.

Passano due anni dalla morte di mio padre e mi iscrivo all'Università.
Mi ricordo, come adesso, nonostante siano trascorsi cinquantotto anni, quello che disse, durante la prima lezione a noi, giovani matricole universitarie di Medicina, il prof. Alberto Stefanelli, incaricato dell'insegnamento di Biologia generale per la Facoltà di Medicina di Roma. Dopo aver ricordato che la Biologia generale è la disciplina che si occupa delle leggi generali che regolano l'esistenza dei viventi, ci disse con molta naturalezza, una cosa che, a dir poco, mi

lasciò perplesso: "Biologicamente la morte non esiste. Tutto si trasforma". Così disse.
Mi vennero in mente le prime lezioni di Fisica al Liceo, e più precisamente la Prima legge della termodinamica che afferma che l'energia non si crea né si distrugge, ma si trasforma.
Quante volte, durante la mia esistenza, ho pensato a quella affermazione del Prof. Stefanelli, "biologicamente la morte non esiste – tutto si trasforma", identica nel contenuto a quella di San Paolo *"Vita mutatur, non tollitur"*, la vita non viene tolta ma soltanto trasformata.

Ma questa trasformazione non avviene soltanto dopo la morte terrena dell'individuo, ma anche quando questi è ancora vivo e vitale. Basti pensare che nell'uomo, a partire dai 25 anni, muoiono, ogni giorno, senza essere sostituite, centomila cellule cerebrali. Ci sono, però, anche cellule di altre regioni che vengono sostituite. Biologicamente nascita e morte convivono e, forse, ... coincidono?
Si dice che la morte sia un fatto naturale. Però, si è visto nei mattatoi, come le bestie (dette bestie da macello) avvertono l'approssimarsi della propria morte. Quindi la morte non è naturale. Naturale è il desiderio di vita.

Vediamo, ora, cosa dice, al riguardo, la Religione Cattolica.
La Chiesa insegna fermamente che la morte determina, ad un tempo, la fine di questa vita terrena e l'inizio della vita vera, in comunione con Dio, gli angeli e i santi.
Il cattolico, quindi, dopo la morte, continua a vivere, passando dal grembo di questo mondo terreno alla luce del mondo nuovo, che avrà la sua manifestazione compiuta alla fine dei tempi, con la risurrezione finale. La morte terrena determina la ri-nascita, la vera nascita. Ecco perché la Chiesa

festeggia i santi nel giorno anniversario della loro morte. Il giorno della loro "morte", coincide, infatti, con la loro "nascita" alla vita vera, piena e beatificante.

Una invocazione a Cristo, nelle Litanie dei Santi, così recita: *"A subitanea et improvisa morte, libera nos, Domine"*. Liberaci, o Signore, dalla morte improvvisa, che ci coglie senza che ne siamo consapevoli. Una morte subitanea ed improvvisa era considerata una sventura. L'uomo, a differenza della nascita, era padrone della sua morte, e a questo privilegio non voleva rinunciare. Morire senza accorgersene, significava essere derubato dell'esperienza umana più alta, del riassunto di tutto l'esistenza. Non a caso, San Francesco chiamava la morte "sorella morte". Oggigiorno, invece, una morte subitanea ed improvvisa è auspicata e considerata una fortuna, una morte "santa", perché non percepita dall'interessato.

Ciononostante, anche il vero credente, senza dubbio, soffre quando perde una persona cara; ma a questo sentimento, proprio di tutti gli uomini, se ne aggiunge un altro di fiduciosa speranza: egli sa di poterla rivedere, così come gli Apostoli hanno potuto rivedere e toccare Cristo risorto.

La morte, dunque, riguarda solo il corpo, solo ciò che è raggiungibile coi sensi, e che fa parte di questo mondo transeunte. Alla fine dei tempi, questa morte temporale non avrà più spazio. Risorti ad immagine di Cristo, i credenti parteciperanno alla loro vita gloriosa con un corpo trasfigurato che non potrà più morire, mentre i peccatori bruceranno nel fuoco dell'Inferno, sottoposti ai più atroci ed indicibili supplizi.

Questo è quanto dice la Chiesa, o forse, meglio, quanto insegnava.

Nel maggio 1979, infatti, la Sacra Congregazione per la Dottrina della Fede, l'ex Sant'Uffizio, pubblica, dopo essere stata approvata dal Papa Giovanni Paolo II, la *Lettera su alcune questioni concernenti l'escatologia*. In pratica la Chiesa si rende conto che la dottrina sull' aldilà, sull'altro mondo, attualmente esistente, fa un po' acqua, non funziona.

Così si esprime: *"Ora, come ignorare, su questo punto, il disagio e l'inquietudine di tante persone? Chi non s'accorge che il dubbio si insinua sottilmente e molto in profondo negli spiriti? Anche se fortunatamente, nella maggior parte dei casi, il cristiano non è ancor giunto al dubbio positivo*[101]*, sovente egli rinuncia a pensare a quel che segue dopo la morte, perché comincia a sentire che in lui sorgono degli interrogativi, ai quali ha paura di dover dare risposta: Esiste qualche cosa al di là della morte? Sussiste qualche cosa di noi stessi dopo questa morte? Non sarà il nulla che ci attende?*

Queste sono le domande drammatiche, quanto inaspettate, che si pone la *Lettera*.
Il popolo cristiano è disorientato. La situazione è delicata. La *Lettera* continua, così:

"Questa Sacra Congregazione, avendo la responsabilità di promuovere e di tutelare la dottrina della fede, intende qui richiamare l'insegnamento che la Chiesa propone a nome di Cristo, specialmente circa quel che avviene tra la morte del cristiano e la resurrezione universale".

[101] Il dubbio è positivo quando è fonte di *ogni* ricerca che spinge al superamento del dubbio stesso [NdA].

La *Lettera*, in poche parole, in sette note ripropone, tutto l'insegnamento cattolico finora diffuso ed inculcato. Secondo me, non poteva fare diversamente. La Chiesa ha dimenticato il suo esoterismo iniziale, la sua carica spirituale, perché è molto più vantaggioso per lei, avendo preferito il potere temporale, portare avanti esclusivamente l'exoterismo. I "beni terreni"[102] sono più importanti dei beni celesti! Sembrerebbe che la Chiesa, ora (finalmente), si renda conto di questa situazione, quando nella *Lettera* in oggetto così si pronuncia:

"In ciò che concerne le condizioni dell'uomo dopo la morte, c'è da temere particolarmente il pericolo di rappresentazioni fantasiose ed arbitrarie, perché i loro eccessi entrano, in gran parte, nelle difficoltà che spesso incontra la fede cristiana. Tuttavia, le immagini usate nella Sacra Scrittura meritano rispetto. È necessario coglierne il senso profondo, evitando il rischio di attenuarle eccessivamente, il che equivale spesso a svuotare del loro contenuto le realtà che esse designano".

Ma ci si dimentica di ammettere che le "rappresentazioni fantasiose ed arbitrarie" dell'aldilà (vedi le numerose rappresentazioni pittoriche dei Giudizi Universali), sono state volutamente incoraggiate dalla Chiesa, per disorientare, terrorizzare e soggiogare le anime degli ingenui credenti. Ma, per la Chiesa ne valeva la pena. Tutto era finalizzato all'accrescimento dei "beni terreni".

---

[102] Ricordo, per inciso, che la parola di passo del 3° grado, Tubal-cain, significa "beni terreni".

Ora, la Chiesa invita i fedeli a "cogliere il senso profondo" delle Sacre Scritture, ma ... non troppo, perché esse meritano rispetto. *Adelante ... con juicio, si puedes.* Avanti, ma con giudizio, se puoi, avanti con i piedi di piombo.

D'altra parte, anche se *"Né le Scritture né la teologia ci offrono lumi sufficienti per una rappresentazione dell'aldilà"*, il cristiano deve "credere" e accontentarsi delle risposte preconfezionate date dalla Chiesa.

Ma il bello, o il tragico, che sia, ancora deve avvenire. La *Lettera* continua:
"Bisogna, parimenti, procurare che i teologi diventino partecipi delle nostre preoccupazioni pastorali, affinché i loro studi e ricerche non siano temerariamente divulgati in mezzo ai fedeli, i quali oggi corrono pericoli per la loro fede come non mai".

Mi pare che non ci sia niente da aggiungere a questa *Lettera* farisaica. Il libero arbitrio è troppo pericoloso per la Chiesa. Sono sicuro, però, che i cristiani amanti della Verità, come anche i massoni, continuino a cercare il senso profondo nascosto nelle Sacre Scritture e a non accontentarsi delle risposte preconfezionate.

Perché, in effetti, nelle Sacre Scritture sono celate tante verità nascoste, che ad una prima e superficiale lettura, sono ovvie, non dicono nulla. D'altra parte anche nella lettura dei Rituali massonici, non bisogna tanto utilizzare il senso letterale, ma quello morale e, soprattutto, quello anagogico, sovrannaturale, spirituale. Soltanto in questo modo, possiamo conoscere la Verità.

Ricordo, come adesso, l'ammissione sincera, che tanti, tanti anni fa, prima della pubblicazione della *Lettera* della Sacra Congregazione per la Dottrina della Fede, mi fece un sacerdote, amico di famiglia, molto più anziano di me. *"Ti debbo confessare, caro Dottore, che io ho paura della morte. Mi rendo conto che io sono un sacerdote e non dovrei dirlo, ma questa è la verità"*, mi disse. Lo conoscevo da molti anni, era un uomo intelligente e colto. Non so perché si lasciò andare a questa drammatica confidenza. Forse voleva da me, medico del corpo, una soluzione che lui, medico dell'anima, non era riuscito a darsi. Evidentemente anche a lui, le "verità" della Chiesa, gli stavano strette, non lo convincevano. Mi auguro sinceramente, dal momento che ora non c'è più, che abbia potuto risolvere in tempo il "suo" problema.

Debbo essere sincero con voi, cari Fratelli, se vi confesso che solo dopo tanti e tanti anni di Massoneria, ho potuto squarciare il velo che copriva tanti misteri cristiani e massonici (misteri, nella loro vera accezione di "manifestazione di Dio agli uomini"), quali la Trinità, l'Incarnazione, il Natale, la Pasqua, la discesa di Gesù agli Inferi, la Resurrezione, la Trasfigurazione, la Morte.

Facciamo, ora, una breve carrellata su quanto hanno detto sull'argomento i pensatori, antichi e moderni, come i filosofi, i politici, gli scienziati, gli intellettuali.

Da uno dei frammenti del "De natura" di <u>Anassimandro</u> di Mileto (610-546 a.C.), filosofo greco presocratico, troviamo scritto quanto segue:
"Principio dei viventi è l'Infinito: là dove i viventi hanno la loro origine, là trovano necessariamente la loro morte. Essi,

infatti, pagano il fio gli uni agli altri, secondo l'ordine del tempo".

Cosa significa? Cosa ci dice Anassimandro? Innanzitutto che il nostro transito in questa vita non è insensato. Veniamo dall'Infinito e lì torniamo. L'Infinito è causa tanto della nascita, quanto della morte. Nascendo ci distacchiamo da esso, e morendo ritorniamo ad essere ciò che siamo, parte dell'Infinito. Ma perché i viventi debbono pagare il fio gli uni agli altri? Perché, anche se nell'Infinito ineluttabilmente ritorneranno, debbono pagare la inconsapevole colpa di essersi staccati da esso. Per i viventi la nascita è un peccato, un peccato "originale" che deve essere compensato da un castigo. Staccarsi dal divino è come peccare. Quindi nascere è un peccato e la morte ne è l'espiazione. La morte chiude il cerchio del peccato e lo emenda. La morte c'è, perché c'è stata la nascita. *Simul stabunt vel simul cadent.* Insieme staranno oppure insieme cadranno. Morendo, ritorniamo ad essere "ciò che siamo", parte dell'Infinito, mentre nascendo ci distacchiamo da esso.

Parlando di morte, non possiamo non pensare a Socrate. Socrate ha un alto concetto della morte, vista come totale affrancamento dello spirito dai vincoli del corpo e trapasso in un mondo di pura beatitudine. L'anima si deve liberare dalla contaminazione dei sensi, per riconquistare la sua purezza. Per Socrate la morte non è che un viaggio, che consente all'anima di emigrare. Concetto, questo del viaggio, poi, ripreso dal Cristianesimo: *"Dum sumus in corpore, peregrinamur a Domino"* (LA BIBBIA, Paolo, 2ª *Lettera ai Corinti,* 5:6). Finché rimaniamo prigionieri del nostro corpo, camminiamo lontani dal Signore.

Questa immagine del "cammino" viene ripresa da Dante, nell'*incipit* della Divina Commedia: *"Nel mezzo del cammin di nostra vita ..."*.

Si dice che i cigni, prima di morire, cantino il loro canto più lungo e più bello. E non già per dolore, come gli uomini erroneamente credono. Nessun uccello canta quando ha fame o freddo o patisce per altro male. Gli antichi asserivano che i cigni, essendo sacri ad Apollo e, perciò, dotati di spirito profetico, sapevano a quale felicità essi andavano incontro una volta giunti nell'Ade.

Ritornando a Socrate, solo con la libertà dalle passioni del corpo, libertà raggiunta mediante l'educazione filosofica, si può arrivare alla contemplazione dell'Eterno Vero, cioè alla Vera Sapienza.

Le ultime parole che Socrate pronuncia, prima di morire, sono: *"O Critone, dobbiamo un gallo ad Asclepio: dateglielo e non ve ne dimenticate"*. C'era l'usanza, a quei tempi, di offrire al dio della medicina Asclepio (lat. Esculapio), un gallo, come un *ex-voto*, in segno di gratitudine, se si era ottenuta la guarigione da un malanno. Queste sono le ultime parole che Socrate pronuncia. Da lì a pochi secondi il cuore di Socrate cesserà di battere. Socrate avverte di essere un guarito, un risanato, perché la cicuta lo libererà per sempre dai vincoli del corpo e dalle passioni terrene (che sono come una malattia dell'anima), schiudendogli la via verso l'Eterno Spirito. Quello che sarà seppellito o bruciato non sarà il vero Socrate, ma solo il corpo di Socrate. Si compie così la trasfigurazione o trasumanazione, cioè il superamento dei limiti della natura umana fino all'acquisizione della natura divina.

Qual è l'insegnamento che l'Iniziato Socrate può dare agli uomini in generale e a noi massoni in particolare?

1) la consapevolezza di vivere per adempiere una missione divina;
2) ascoltare il δαίμων (dàimon), lo spirito guida interiore, che, al momento opportuno ci trattiene, ci suggerisce non ciò che dobbiamo fare, ma quello che non dobbiamo fare. *"Tutta la vita deve essere riflessione sulla morte ed allenamento ad affrontarla"*.

Consideriamo, ora, velocemente, come altri hanno affrontato il problema della morte e dell'aldilà.

Secondo Epicuro, semplicemente, la morte non esiste. Quando ci siamo noi, non c'è lei; e quando c'è lei, non ci siamo noi.

Il marxismo, davanti al problema della morte è disarmato, non offre alcuna risposta autentica. In tutti i suoi scritti, una sola volta Karl Marx parla della morte dicendo che: *"L'individuo determinato, tuttavia, non è che un essere genericamente determinato e come tale è immortale"*[103]. Cosa vuol dire? Forse che l'uomo individuo muore, ma la specie, l'umanità è immortale?

Antonio Gramsci diceva che *"porsi domande sulla morte non è moderno"*, quindi bisognava *"eliminare queste manifestazioni inferiori, questi residui inorganici di stati d'animo superati"*. La morte è un evento "naturale" sul quale non val la pena fare e farsi delle domande.

Martin Heidegger, filosofo esistenzialista, definiva l'uomo un *"essere per la morte"*. L'esistenza può essere definita

---

[103] Frase riportata in Vittorio MESSORI, *Scommessa sulla morte. La proposta cristiana: illusione o speranza*, Torino, Soc. Editrice Internazionale, 1982.

autentica, quando è pervasa dall'angoscia, che scaturisce dalla consapevolezza della propria finitudine. Questo è il "vivere-per-la-morte".

Altre figure esistenzialiste asseriscono che "se la morte non ha senso, allora neanche la vita ha un senso".

Secondo Søren Kierkegaard è solo di fronte alla morte che si fa esperienza di Dio, che si vive sia l'eternità sia la finitudine, che si ha facoltà di operare la scelta, ossia di aderire al divino. In tal modo l'individuo può effettivamente giungere nel tempo dove il finito comprende l'infinito: evento, questo, che la ragione non potrà mai comprendere.

Secondo la psicanalisi, in ciascun uomo agiscono "le due angosce di base": l'angoscia della follia e, più e prima ancora, l'angoscia della morte. L'angoscia della morte è universale, agisce nel bambino e nell'adulto, nell'analfabeta e nel letterato, nel primitivo e nell'evoluto.

Anche nelle società occidentali, capitalistiche, della morte è meglio non parlarne. Nel mondo capitalistico c'è il benessere, c'è il dinamismo della vita quotidiana, c'è il divertimento sfrenato, nel vero senso etimologico della parola. Divertimento deriva da *di-vertere* che significa voltarsi da un'altra parte, sviarsi, distogliersi, distrarsi. Quindi, divertimento è sinonimo di evasione, distrazione.

Mentre nelle società comuniste c'è lo stakanovismo, cioè, il lavoro indefesso, nelle dinamiche società capitaliste c'è il consumismo frenetico. In entrambi i casi non esiste il tempo libero e non si pensa alla morte. In entrambi i casi siamo in un vortice assordante che impedisce di parlare ai tuoi vicini, di confrontarsi con il tuo prossimo, di ascoltare i suoi bisogni e, contemporaneamente, *mutate mutandis*, non saper riconoscere, non udire le nostre intime richieste. È preferibile metterle a tacere, piuttosto che "rovinarci la giornata". *Vox clamantis in deserto*, è la voce di colui che grida, invano, nel deserto.

Dopo questo non esaustivo *excursus* storico-filosofico, cerchiamo di chiarire l'atteggiamento dell'uomo comune nei confronti della morte.

L'uomo è l'unico essere vivente che sa di dover morire. L'*homo sapiens* può non sapere perché è nato, perché vive e perché muore. Ma una cosa, però, sa: che ogni giorno che passa, più si avvicina al giorno della morte. La morte è un evento certo ad una data incerta. L'ultimo giorno non è, dunque, che un finire di morire.
L'uomo non ha chiesto di nascere; e di morire, addirittura gli viene imposto (per fare spazio agli altri).

Molti si pongono in una via di mezzo. La morte comporta, sì, la fine di questa vita terrena, ma non esclude che "dopo" ci sia ancora qualcosa, forse. C'è una timida apertura nei loro cuori ad una misteriosa speranza. Si vedrà.
Ma la maggior parte degli uomini fa finta di niente, non si pone il problema. Come se non lo interessi. Fa come lo struzzo che, per non affrontare un pericolo, preferisce non vederlo, nascondendo la testa sotto terra.

Molti altri uomini, invece, preferiscono andare al Gran Bazar delle religioni, e acquistare l'abito, più soddisfacente per loro, in quel momento, per poi, dopo qualche tempo, avvicinandosi il giorno del *redde rationem*, sprofondare nella disperazione e nell'angoscia più cupa, toccando con mano che l'abito *prêt-à-porter* gli va tremendamente stretto. Non resta altro a loro che morire disperati.

Per esorcizzare la morte, oggi si usa una perifrasi come "fine vita", al posto di morte. Come se eliminando la parola morte, si potesse abolire la morte stessa.

La maggior parte degli uomini "prossimi alla morte" non accetta la sua condizione. Dopo una prima fase di collera contro tutti e tutto, ed una successiva seconda fase, quella della depressione da reazione, subentra un distacco emotivo, conscio o inconscio, dalle persone, dagli oggetti, dalle attività mentali (gli esperti la chiamano *decathexis*: processo di disinvestimento di energia mentale o emotiva). Va avanti così, fino a quando, spesse volte ... non intervengono atteggiamenti o decisioni suicidarie ... Si procurano anticipatamente la morte, pur di non affrontarla positivamente.

Locuzioni letterarie ed espressioni pittoriche riguardanti la morte.

"*Memento mori*" è una locuzione latina che significa "Ricordati che devi morire". È il motto dei Cistercensi della Stretta Osservanza, i c.d. Frati Trappisti, religiosi che appartengono alla grande famiglia di San Benedetto.

In latino esistono altre locuzioni similari che ci ricordano la morte, come "*Memento, homo, quia pulvis es, et in pulverem reverteris*", "Ricordati, uomo, che polvere sei ed in polvere ritornerai", tratta dalla Bibbia (Genesi, 3:19), quando

Dio scaccia Adamo dal Paradiso terrestre, parole, poi, ricordate durante il rito del Mercoledì delle Ceneri.

Altra locuzione latina è *"Sic transit gloria mundi"*, "Così passa la gloria del mondo". Nel linguaggio comune, queste sono espressioni di ammonimento, di invito a riflettere sulla brevità della vita o sulla vanità delle ambizioni umane o su come sono effimere le cose del mondo.

Normalmente per il profano sono espressioni macabre, così come lo sono le c.d. danze macabri, pitture tardomedievali, in cui è rappresentata una danza tra uomini e scheletri. Gli scheletri personificano, ovviamente, la morte e gli uomini l'umanità intera, che va dal povero al ricco, dal mercante all'aristocratico, dal prete al Vescovo, dal frate al Cardinale, fino ad arrivare al Re, all'Imperatore, al Papa. Simili alle danze macabre, per l'insegnamento che vogliono dare, sono anche le rappresentazioni dei Giudizi Universali.

Comunque, siano esse locuzioni letterarie, siano esse espressioni pittoriche, sono tutte quante inviti a pensare all'aldilà. Ovviamente l'aspetto profano, letterale o morale che sia, non mi trova molto favorevole, tanto che lo considero tempo perso, non produttivo. Quello che vorrei tentare di analizzare è l'aspetto iniziatico, esoterico, che interessa maggiormente noi liberi muratori, ma, prima ancora, vorrei fare alcune considerazioni personali.

Considerazioni personali.

Affrontano serenamente la morte solo coloro che hanno cercato di dare una risposta al significato della loro esistenza. Perché ..., perché ..., perché ... Perché sono nato, qual è il senso della vita, qual è il vero significato della morte?
Per l'uomo l'unica via di salvezza dall'angoscia della morte, è cercare di affrontarla. Solo così, al posto della paura e del tormento, si può trovare (almeno) un po' di serenità e consolazione. In questa categoria rientrano gli iniziati, i veri iniziati, i massoni che non si sono fermati all'esteriore.
A questo punto io, che non possiedo risposte, mi pongo queste domande, che trasmetto a voi, cari Fratelli.
Dietro la morte cosa c'è? C'è il Nulla o il Tutto? La morte è la Fine o l'Inizio? È difficile dare delle risposte a queste domande, che, poi, si collegano a quelle tre più famose: Chi siamo? Da dove veniamo? Dove andiamo?

L'ultima domanda che l'uomo si pone è quella ... "dove vado?".
Quando il corpo è arrivato alla fine, lo spirito lo abbandona. Questo è evidente. Ma dove va, lo spirito? Questo è il problema. Raggiunge un altro corpo? Raggiunge una dimora eterna? Rimane a disposizione ...? In poche parole: "Cosa c'è dopo?" è l'interrogativo che ognuno di noi si pone, senza ricevere, però, una risposta certa, univoca. Ognuno sceglie ciò che più gli aggrada. Non c'è una verità assoluta. Un fatto pare certo: lo spirito non si perde, come avviene con il corpo. Se è vero, come è vero, che il corpo si trasforma, perché non pensare che anche lo spirito si trasformi? E possa accettare un altro genere di corpo?

Immagino che ognuno di Voi vorrebbe sapere da me come la penso. Io, cari Fratelli, alla vostra legittima domanda, non so dare la risposta. Perché la mia risposta non ha alcun valore per voi. Le risposte sono tante, quanti siete voi. Ognuno di voi deve cercare e trovare la propria risposta.

La ragione non può dare una soluzione esclusiva al perché della vita, nei suoi due aspetti di nascita e morte. Solo chi ha fede potrebbe rispondere a queste domande.

Noi liberi muratori, che non accettiamo la conoscenza fideistica e che sappiamo che la conoscenza razionale è limitativa, noi massoni conosciamo, però, la conoscenza Intuitiva e quella contemplativa. L'Intuizione e la Contemplazione sono due grimaldelli fondamentali per accedere al forziere della Conoscenza.

Io sono stato sempre convinto che le cose, i fatti, gli avvenimenti non avvengono mai a caso, semplicemente perché il caso non esiste. Noi come esseri umani facciamo parte della Natura, siamo un tutt'uno con essa e ne subiamo le regole. In Natura vige l'Armonia e tutti gli avvenimenti, graditi o sgraditi che siano per noi, sottostanno a questa Legge, una legge universale, chiamata anche *Logos*. L'Armonia rifugge il Caos (notate come "caso" sia l'anagramma di "caos"). Talora noi uomini profani, di fronte ad un esecrabile fatto come la morte prematura di un giovane o davanti allo sterminio di massa di intere popolazioni o gruppi etnici, non abbiamo risposte plausibili, rimaniamo attoniti, lanciamo imprecazioni e bestemmie, mettiamo in dubbio la possibilità di un Dio buono e generoso. Il credente perde la Fede. Il cercatore di Luce perde la Speranza.

Di fronte a questi fatti gravi, ripeto, non troviamo risposte adeguate, non ne comprendiamo il senso, la logicità, il significato. Ma questo non vuol dire che il significato non esista realmente. Tutto ha senso nella vita. Siamo noi che in quel momento non troviamo il vero significato. Prima o poi riusciremo a comprendere il senso, il valore, l'accezione di quel determinato fatto. Forse. Perché a volte non basta una esistenza a dipanare la matassa dell'incomprensibilità di un fatto. Comunque, un senso a tutto quel che ci capita nella vita, nel bene e nel male, c'è. Prima o poi lo capiremo.

Di un'altra cosa sono convinto, che l'attuale nostra esistenza non sia limitata nel tempo e nello spazio. Il tempo della nostra età è soltanto una parte del Tutto. Lo spazio in cui ci muoviamo non è solo quello tangibile, ma è, soprattutto, quello incorporeo.

Come dirò in seguito, secondo me, il contrario di "morte" non è "vita", ma "nascita". Nascita e morte fanno parte della vita. Noi, anche se non lo ricordiamo, abbiamo già vissuto un'altra vita, quella intrauterina. Questo è certo. La morte intrauterina coincide con la nascita terrena. La morte terrena coinciderà con un'altra nascita, che non sappiamo. Nascita → morte → nascita → morte → nascita → ... e, così, via di seguito. Questa è la vita, un susseguirsi di nascite e morti. Anche se si perde il ricordo delle precedenti esistenze (così, come la nostra reale esistenza intrauterina). Il futuro non ci è dato conoscerlo ... per fortuna. Perché ognuno di noi deve vivere in pienezza la sua vita, in quel limitato tempo e in quel limitato spazio. Con la consapevolezza, però, che fa parte di un Tutto preordinato, in un Tempo e in uno Spazio indeterminato.

Una domanda nasce spontanea. Ma se noi ciclicamente passiamo da una nascita ad una morte, da un'altra nascita, ad un'altra morte ..., praticamente da una vita ad un'altra vita, senza mai morire definitivamente, allora ... siamo Immortali? Non sta a me dirlo, forse sì o forse no.

<u>Considerazioni massoniche.</u>

Già dal primo grado si ricorda all'Apprendista che l'iniziazione ad una nuova vita (spirituale) presuppone inevitabilmente la morte a quella precedente (profana). Fin qua ci siamo, è tutto comprensibile e quasi ovvio.
Nel secondo grado, la "morte" non appare platealmente, è più smorzata, più nascosta, per cui non l'avvertiamo sempre.
Nel terzo grado, invece, la sua presenza si avverte, si fa sempre più manifesta, diventa quasi incombente, per, poi, come un crescendo rossiniano, esplodere nella sua maestosa forza travolgente. *Fiat Lux*! Che la Luce sia!

Tutti noi, fratelli tra fratelli, ci siamo chiesti, almeno una volta, qual' è il significato della Massoneria. Ma per dare una giusta risposta ad una semplice domanda, bisogna affrontare, per forza di cose, il problema che sta prioritariamente a monte: qual' è, esotericamente parlando, il senso della **vita**, dalla nascita alla morte?
Innanzi tutto, come ho accennato poco fa, il contrario di "morte" non è "vita", come abitualmente si crede. Il contrario di "morte" è "nascita". Nascita e morte costituiscono insieme la vita. La vita comprende nascita e morte. La vita appartiene sia alla nascita che alla morte. C'è vita sia alla nascita che alla morte.

Noi tutti, come ho già detto, abbiamo vissuto una "vita" precedente a quella attuale, che è la vita intrauterina. Lo sappiamo, ma non ce lo ricordiamo. Forse ci sono state altre "vite" precedenti a quella intrauterina. Ma chi lo può dire? Forse ci saranno altre "vite" dopo quella terrena attuale. Ma chi lo può dire? D'altra parte, il feto non immagina di dover uscire dal grembo materno, di nascere alla vita terrena, abbandonando la sua vita intrauterina, dove sta tanto bene, dove non gli manca nulla. Quando si accorge che il suo mondo è finito, piange, piange di dolore. È morto alla vita intrauterina e non è ancora cosciente della sua nuova vita, quella terrena.
La morte genera sempre una nuova esistenza. Riflettiamoci su questo.

Come siamo coscienti di aver vissuto una realtà precedente a quella attualmente in corso, così non siamo altrettanto consapevoli a cosa andiamo incontro dopo la nostra morte terrena. Continueremo ad esistere dopo la nostra morte? La ragione umana non ci viene in aiuto. Ma perché dobbiamo rifiutare a priori questa possibilità? D'altra parte, anche il feto che ci ha preceduto, ignorava completamente tutto quello a cui sarebbe, poi, andato incontro.

Cari Fratelli, come potete ben comprendere, le domande umane sono tante e le risposte razionali sono poche e confuse. Probabilmente è necessario servirci di un altro motore di ricerca.
Vediamo se i nostri Rituali massonici possono venirci incontro.

Nei Rituali Scozzesi riguardanti il Primo Grado, il problema della morte viene affrontato, anzi, deve essere affrontato, dal Candidato addirittura prima di entrare in Loggia. Il Gabinetto di Riflessione è la tetra caverna deputata ad accogliere le nostre spoglie. Tutto ciò che ci circonda, dai disegni agli scritti, dalla poca aria che respiriamo, alla atmosfera cupa che ci avvolge, tutto ci parla della morte. Dobbiamo, addirittura, fare "testamento". E tutto questo avviene prima che il Candidato entri in Loggia, prima che la Cerimonia di Iniziazione abbia inizio. Cosa significa questo? Che prima di essere iniziato, il Candidato deve morire. Se prima non muore, la sua iniziazione non è valida, non conta nulla, non ha alcun senso.

Il Gabinetto di Riflessione non è che la metafora di una esperienza spirituale di morte al mondo profano ed al peccato. Il Candidato deve dare una sterzata alla sua vita, un ripiegamento, una riflessione su sé stesso e cambiare strada. Deve abbandonare i "beni terreni" ed intraprendere un nuovo cammino, un cammino di luce.

Nei rituali Scozzesi troviamo un altro accenno alla morte solamente nel 3° grado, quando il M.V. si esprime in tal modo:
"Così morì Hiram. Così deve morire il Compagno per poter rinascere Maestro", e, poi:
"Maestri esultate! Hiram è rinato nel nostro nuovo Maestro".
Qual è il suo significato? Io penso che per diventare Maestro sia necessario che il Candidato abbia fatto sue le qualità del Compagno, che abbia interiorizzato completamente il grado precedente, deve aver subìto una trasformazione, una metamorfosi, come quella che compie la crisalide nel momento in cui diventa farfalla. Il Compagno (= crisalide) muore e si trasforma nel Maestro Hiram (= farfalla).

La Leggenda sulla morte di Hiram, contiene delle analogie che ritroviamo anche nelle antiche Società Misteriche, la più importante delle quali è la "morte iniziatica". Il ritrovare il corpo dell'Archetipo sacro, il risollevarlo dalla terra per essere glorificato, tutto ciò ha una importanza fondamentale. Secondo Mircea Eliade, *"la maggior parte delle prove iniziatiche implica, più o meno trasparentemente, una morte rituale seguita da una risurrezione o da una nuova nascita. Il momento centrale di ogni iniziazione è rappresentato dalla cerimonia che simbolizza la morte del neofita e il suo ritorno tra i vivi. Ma colui che torna alla vita è un uomo nuovo, che assume un altro modo di essere. La morte iniziatica significa ad un tempo la fine dell'infanzia, dell'ignoranza e della condizione profana ..."* [104].

"Insomma, la morte (della vita profana) *viene ad essere considerata come la suprema iniziazione, l'inizio di una nuova esistenza spirituale. O meglio: generazione, morte, e rigenerazione (rinascita) sono considerati i tre momenti di un unico mistero ..."* [105].

Nel Rituale *Emulation*, invece, il riferimento alla morte è molto più presente e pregnante. Solo, però, i Rituali del 3° grado sono pieni di riferimenti, allusioni più o meno evidenti al termine "morte".
Durante la preghiera che il MV pronuncia in 3° grado, nella Cerimonia di Innalzamento, così si esprime:
"Onnipotente ed Eterno Dio, Architetto e Governatore dell'Universo [...] Ti supplichiamo di dare la Tua Grazia a questo Tuo servo, che si offre come Candidato per partecipare

---

[104] Mircea ELIADE, *La nascita mistica. Riti e simboli d'iniziazione*, Brescia, Morcelliana, 1980, p.12.

[105] Mircea ELIADE, *Il sacro e il profano*, Torino, Universale Bollati Boringhieri, 2006, p. 124.

con noi agli arcani segreti di un MM. Dotalo di una forza d'animo tale che egli non fallisca nell'ora della prova [= morte. NdA], *ma che, attraversando al sicuro sotto la Tua protezione la valle dell'ombra della morte, egli possa infine alzarsi dal sepolcro del peccato, per brillare come le stelle, per l'eternità".*
Cosa significa? Credo che, grazie agli "arcani segreti" insiti nel grado, il Maestro Muratore può superare senza paura la morte e rinascere per l'eternità come le stelle.

Ad un certo punto, il 1° Sorvegliante, dopo aver chiesto al Candidato la Parola di Passo (= Tubalcain) ed il suo significato (= Beni terreni), rivolto al MV, tenendo alzata la mano dx del Candidato, dice:
"MV, vi presento il Fr. ... un Candidato correttamente preparato per essere innalzato al 3° grado".
Cosa significa? Immagino che solo dopo aver accertato che il Candidato abbia abbandonato tutto quel che è terreno (per esempio, l'attaccamento al denaro, al potere in tutte le sue sfaccettature, ai pregiudizi, alle pulsioni, alle passioni sessuali; in poche parole, a tutti e sette i vizi capitali), si possa dire che il Candidato sia "correttamente preparato" alla Maestria e possa sperare di ri-nascere.

Più avanti, nell'Esortazione, dopo la promessa solenne, il M.V., dopo aver fatto un riferimento ai segreti della Natura e ai principi della verità intellettuale, già svelati nel 2° grado, aggiunge in questo 3° grado altri aspetti mentali della Natura: La Natura *"vi prepara, mediante la contemplazione, per l'ora finale dell'esistenza; e quando, per mezzo di quella contemplazione, essa vi ha condotto attraverso gli intricati meandri di questa vita mortale, vi istruisce, infine, su come morire".*

"Tali, Fratello mio, sono gli scopi peculiari del Terzo Grado nella Libera Muratoria. Essi vi invitano a riflettere su questo terribile tema, e vi insegnano ad essere sicuro che, per l'uomo retto e virtuoso, la morte non causa tanto terrore quanto quello di essere macchiati dalla menzogna e dal disonore".
Cosa vuol dire, più chiaro di così? Che soltanto la contemplazione, che si guadagna con il 3° grado, può farci comprendere il significato della vita e della morte (l'ora finale dell'esistenza); e, grazie alla contemplazione, essa ci insegna a come ben morire.
Il corpo mortale e l'Io che lo rappresenta sono un ostacolo che deve essere rimosso.
È necessaria, pertanto, la morte del corpo e la morte dell'Io per poter ri-nascere.
Lo scopo della morte è *morire a sé stessi* per ritrovare il Divino che è in noi.

Il M.V., dopo essere riuscito a rialzare, sui Cinque Punti della Fratellanza, il Candidato (che rappresenta Hiram Abib), così si esprime:
"È così che tutti i Maestri Muratori vengono innalzati da una morte metaforica, per riunirli con i precedenti compagni delle loro fatiche".
Anche se la rappresentazione rituale della morte e della risurrezione (ri-nascita) è solo scenica, cioè metaforica, ciò non di meno i Maestri, che avranno ben compreso l'Arte, ri-nasceranno e si ri-uniranno con gli altri Maestri che li hanno preceduti (in altre vite).

Più avanti, il Rituale di Innalzamento ci offre una esortazione particolare, confidandoci i segreti del Grado, e che ci permette di decodificare il testo e comprendere, almeno in parte, le informazioni nascoste. Dice il M.V.:

"Lasciatemi ora pregarvi di osservare che la Luce di un Maestro Muratore è l'<u>oscurità visibile</u>, che serve soltanto per esprimere quella penombra che si posa sulla prospettiva del futuro. Essa è quel velo misterioso che l'occhio della ragione umana non può penetrare, a meno che non sia assistito da quella Luce che proviene dall'alto. Tuttavia, anche solo con questo barlume, potete percepire di essere proprio sul bordo di una fossa, nella quale voi siete appena ora allegoricamente disceso e che, quando questa vita transitoria sarà passata, vi accoglierà nuovamente nel suo freddo grembo. Che gli emblemi della mortalità che giacciono dinanzi a voi vi portino a meditare sul vostro inevitabile destino, e guidino le vostre riflessioni sul più interessante di tutti gli studi umani, la conoscenza di voi stesso. Fate attenzione di svolgere il vostro compito assegnato mentre è ancora giorno. Continuate ad ascoltare la voce della Natura, che testimonia che, anche in questo corpo effimero, risiede un principio vitale ed immortale, che ispira una fiducia sacra che il Signore della Vita ci permetterà di calpestare il Re del Terrore sotto i nostri piedi, e di alzare i nostri occhi a quella splendente Stella del Mattino, il cui sorgere porta pace e salvezza ai fedeli e agli ubbidienti del genere umano.

Cosa possiamo dire su questo brano? uno, secondo me, dei più importanti e interessanti della Massoneria.

È vero che il Maestro Muratore, non possiede la Luce, la vera Luce, quindi, tanto meno la può trasmettere ad altri. Certamente, non si trova al buio completo, come, invece si trova l'Apprendista o un profano. Il Rituale parla di "oscurità visibile", che è un ossimoro, che significa una oscurità parziale, un barlume di luce. Il Maestro Muratore ancora non vede, ma solo intravede. Il Rituale parla di "penombra che si posa sulla prospettiva del futuro", cioè sulla morte. Con questo "barlume" può solo percepire di essere sul bordo della fossa, ma cosa sarà di lui, quando cadrà inevitabilmente per sempre nella fossa? Cosa avverrà dopo? Per non trovarci in questa situazione, dobbiamo svolgere il nostro compito assegnato mentre è ancora giorno. Non c'è tempo da perdere. Non sappiamo quando suona la campana. Ma prima o poi, di certo suonerà. Non dobbiamo farci trovare impreparati.

Oswald Wirth ci rammenta che "ciò che sussiste dopo la morte è, innanzi tutto, il *ricordo*. Lasciarsi dietro un buon ricordo deve essere l'ambizione di ciascuno di noi. [...] Chi è vissuto bene si rende immortale [...] Dobbiamo vivere in modo da lasciarci dietro un dinamismo di bene [...] Sappiamo vivere bene e la morte non sarà per noi che il mezzo di vivere meglio"[106].

Ma qual è il compito che ci è stato affidato? Il Rituale ci indica il compito che dobbiamo svolgere. Dobbiamo continuare ad ascoltare la voce della Natura. Solo così potremo scoprire che in questo nostro corpo, nonostante sia effimero e transeunte, risiede un principio vitale ed immortale che consente ai nostri occhi di vedere in piena luce la Stella del Mattino, che porta pace e salvezza.

Siamo al termine della Cerimonia di Innalzamento. Il M.V. ha terminato di presentare al neo Maestro tutti gli Attrezzi da Lavoro. Si rivolge a tutti noi in questo modo:
"Così gli Attrezzi da Lavoro di un Maestro Muratore ci insegnano a tenere a mente le Leggi del nostro Divino Creatore e ad agire in base ad esse, affinché, quando verremo richiamati da questa dimora sublunare, ci sia possibile

---

[106] Oswald WIRTH, *La Massoneria resa comprensibile ai suoi adepti, III: Il Maestro*, Roma, Atanòr, 1985 (rist. 1990), pp.103-104.

ascendere alla Gran Loggia superiore, dove il Grande Architetto del mondo vive e regna in eterno".

Il concetto di dimora o mondo sublunare lo ritroviamo già dai tempi di Platone ed Aristotele. Come si evince dal termine, è la regione del cosmo situata al di sotto del cielo della Luna ed è costituito dagli elementi terra, acqua, aria, e fuoco.

Il mondo sublunare è il mondo terrestre, il regno della natura, soggetto al divenire e alla corruzione, contrapposto al mondo celeste che è al di sopra ed è regolato da leggi permanenti e immutabili.

Dopo aver terminato il compito affidatoci nella transitoria dimora sublunare, saremo definitivamente richiamati a prendere posto nella dimora celeste, dove continueremo a vivere e a regnare in eterno.

Come non lo so. Noi, cioè io e voi, possiamo solo intuirlo.

L'insegnamento che tutti noi maestri dobbiamo trarre è il seguente: Se vogliamo essere veri Maestri, dobbiamo aver compreso il significato della Vita, nel suo aspetto di Nascita e in quello della Morte. L'Alfa e l'Omega.

Solo così potremo dire di aver raggiunto la Vera Maestria. In caso contrario saremo soltanto degli aspiranti maestri.

E la Maestria, come dice l'etimologia, si realizza al 3° grado. Non aspettiamo oltre. Non perdiamo altro tempo. Affrettiamoci. Prima avremo compreso la morte, prima saremo veramente liberi, prima potremo finalmente essere Maestri e non un numero.

2021

Fr. Giacinto Mariotti, M.I.

INDICE

Terzo grado, o di Maestro Muratore (W.L. Wilmshurst)	p.	1
Apertura nel Terzo grado	p.	13
Cerimonia di Innalzamento	p.	25
Chiusura nel Terzo grado	p.	103
Segni e Toccamenti di MM	p.	110
La leggenda di Hiram (B.E. Jones)	p.	113
Gli eggregori (Aurifer)	p.	117
I lavori di Loggia in grado di MM (G. Mariotti)	p.	125
Tubal-cain (G. Mariotti)	p.	133
La Morte (G. Mariotti)	p.	143

Dedicato a Gabriele Mariotti. Passato all'Oriente Eterno il 3 agosto 2023

Printed in Great Britain
by Amazon